互联网时代下档案管理与应用开发研究

卢捷婷　岑　桃　邓丽欢　著

北京工业大学出版社

图书在版编目（CIP）数据

互联网时代下档案管理与应用开发研究 / 卢捷婷，
岑桃，邓丽欢著 . — 北京 ： 北京工业大学出版社，
2021.4

ISBN 978-7-5639-7902-8

Ⅰ . ①互… Ⅱ . ①卢… ②岑… ③邓… Ⅲ . ①档案管
理—研究 Ⅳ . ① G271

中国版本图书馆 CIP 数据核字（2021）第 081794 号

互联网时代下档案管理与应用开发研究
HULIANWANG SHIDAI XIA DANGAN GUANLI YU YINGYONG KAIFA YANJIU

著　　者： 卢捷婷　岑　桃　邓丽欢
责任编辑： 郭志霄
封面设计： 知更壹点
出版发行： 北京工业大学出版社
　　　　　　（北京市朝阳区平乐园 100 号　邮编：100124）
　　　　　　010-67391722（传真）　bgdcbs@sina.com
经销单位： 全国各地新华书店
承印单位： 天津和萱印刷有限公司
开　　本： 710 毫米 ×1000 毫米　1/16
印　　张： 11.25
字　　数： 225 千字
版　　次： 2022 年 1 月第 1 版
印　　次： 2022 年 1 月第 1 次印刷
标准书号： ISBN 978-7-5639-7902-8
定　　价： 60.00 元

前　言

当前，信息技术的迅速发展给档案管理工作带来了新的发展契机。

档案记录着人们在各项社会活动中的重要信息，是非常重要的信息资源。长期以来，档案信息主要记录在纸质材料上，但纸质材料不易保存，存在很大的损毁风险，且查询不便，利用起来效果不佳。

随着科技与信息技术的飞速发展，信息资源已经实现了数字化存储。尤其是在信息时代，档案由纸质信息转化为数字信息已成为档案管理的重要工作内容。相较于纸质存储信息，数字化信息无论是在查询读取上还是在保存上都有着不可比拟的优势。因此，实现档案信息化是档案管理的必由之路。

"互联网+"时代的到来为档案管理这一活动提供了十分强大的技术支持与光明的发展前景，但同时也对档案管理工作提出了更高的标准和要求。在政府努力推进档案管理的信息化进程中，由于档案管理员的网络素养滞后等原因，档案管理工作面临互联网时代下的机遇与挑战。本书从档案管理的基础理论出发，介绍了档案管理工作的内容；然后着眼档案管理信息化建设，通过介绍档案信息化建设的基础工作，深入分析了互联网时代档案信息化建设的状况，提出了建设数字档案馆、智慧档案馆的对策；最后对互联网时代高校档案信息化建设进行了针对性探究。

本书由广州市第八人民医院卢捷婷、珠海市文件管理中心岑桃、广州卫生职业技术学院邓丽欢三人共同撰写完成，主要分工如下：第一章、第二章、第三章、第四章共计 10 余万字，由卢捷婷撰写；第六章、第七章、第八章共计 8 余万字，由岑桃撰写；第五章、第九章共计 7 万字，由邓丽欢撰写。

本书可对从事档案管理以及互联网时代下进行档案管理开发及应用研究的工作人员提供参考。笔者在撰写过程中得到了众多专家、教授的帮助，在此表示感谢。由于笔者水平有限，书中难免存在不足之处，恳请读者批评指正。

目 录

第一章　档案管理工作的基础认知

随着现代文明社会的发展，档案早已成了人们耳熟能详的一种东西，它出现在人们的生活、学习、工作中，贯穿于科研、医疗、诉讼等各个方面，人人都会与它打交道。可以说，档案记录了人们生命中的一切活动。为了保证档案的完整性、原始性等，档案管理工作应运而生。这是一项复杂且系统的工作。要对这项工作有一个清晰的认识，首先必须对档案本身有一定的了解，然后才能展开档案管理工作。

第一节　档案概述

档案是档案管理工作的核心内容。虽然现在的人们对档案已经不再陌生，但是对档案的起源、定义、特点等却没有一个清晰的认识。鉴于此，本节围绕档案的内涵进行详细阐述。

一、档案的起源

（一）档案名称的由来

中国是一个拥有五千年历史的文明古国，因此档案的历史自然也很悠久，关于它的史料可谓数不胜数、犹如繁星。回望历史长河，档案名称的演化进程可谓相当漫长。

档案在殷商时被称作"典""册"，在西周被称为"中"；在秦汉以后，档案被称为"典籍""图籍"，特别是由于纸张的出现和官员多在案几上处理公文，档案较多地被称为"文书""案卷""文案""案牍"；清代以后多用"档案"；现统一称作"档案"。

（二）档案的发展历程

交流、沟通是人们生产、生活中必不可少的。以前没有文字的时候，人们表达自己的思想感情都是通过语言。这样的方式虽然简单直接，但是很容易被遗忘。出于记忆的需要，古人创造了"结绳"和"刻契"来帮助记事。所谓"结绳"，是指在绳子上打结，用绳子的大小、位置以及绳子的不同颜色来表达不同的含义。结绳记事方法在古代外国也有应用，被称作"奇普"。还专门设有"结绳官"，负责解释结绳表达的含义。所谓"刻契"，就是在竹片、木片、骨片和玉片上刻上各种形状的标志，以此来表达和记录某种信息。"结绳"和"刻契"虽然有记事备忘功能，具备了档案的某些属性，但从本质上来讲还不是档案，因为它们记录的情况不确定，且难以表达抽象的事物。"结绳"和"刻契"可以说是档案的萌芽。

甲骨档案是我国迄今发现的最早的档案。甲骨文是人们公认的我国最早的文字，是国子监祭酒王懿荣于 1899 年发现的。最初发现于河南安阳小屯村的殷墟遗址，这些被刻写在龟甲、兽骨上的文字被称为甲骨文。文字的发明及应用于文献记录标志着人类文明向前迈进了一大步。在以后的漫长岁月里，甲骨文被人类用以表达、交流、记录，而它也成为档案得以产生的基础。商代人们很迷信，但凡举行祭祀、狩猎、战争等重大活动前，必要巫师进行占卜，并把占卜的经过、结果等情况刻写在龟甲、兽骨上。这就给我们留下了研究商代历史的第一手材料。甲骨文是商朝政治和生活的直接原始记录。

稍后又出现了简牍档案、金石档案等。简牍档案是商代和西周时出现的，以竹片、木片为书写材料，记载当时的社会生产和生活情况。单一的竹片叫"简"，单一的木片叫"牍"，简称木牍。这种书写工具比较笨重。据史料记载，秦始皇"日读一担"，即每天处理的公文就有 100 斤左右。20 世纪，我国湖南长沙、湖北江陵、云梦及甘肃敦煌等地先后发现了大批秦、汉时的简牍档案，对研究当时的历史提供了宝贵的资料。金石档案是刻写在青铜器、石头上的文字记录材料。

纸质档案的出现是档案发展史上的巨大进步。西汉时期出现了新型的书写材料——纸张，从而改变了人类记录历史的形式。东汉蔡伦对造纸术进行改进，《后汉书·蔡伦传》记载："自古书契多编以竹简，其用缣帛者谓之为纸。缣贵而简重，并不便于人。伦乃造意，用树肤、麻头及敝布、鱼网以为纸。"纸张的出现、推广为世界文明进步做出了重大贡献。在造纸术传到西方之前，古代社会也曾出现了羊皮档案、纸草档案、泥版档案等。

到了近现代，随着科学技术的发展，档案载体材料变得丰富多样，出现了音像档案、照片档案、电子档案等新型档案。

二、档案的定义

目前学术界关于档案的定义还不统一。"档"在《康熙字典》中被解释为"横木框档"，就是木架框格的意思；"案"在《说文解字》中被解释为"几属"，就是小桌子一类的物品。由此引申，又把处理一桩事件的有关文书叫"一案"，并通称收存的官文书为"案"或"卷案""案卷"。"档"和"案"字连用，就是存入档架收藏起来的文书案卷。

《中华人民共和国档案法》（以下简称《档案法》）第二条："本法所称的档案，是指过去和现在的国家机构、社会组织以及个人从事政治、军事、经济、科学、技术、文化、宗教等活动直接形成的对国家和社会有保存价值的各种文字、图表、声像等不同形式的历史记录。"该定义详细地说明了档案的形成主体、产生领域、特点和形式。

三、档案的特点

根据档案的定义可知，其有以下几方面特点：

（一）来源的广泛性

档案是在国家机构、社会组织和个人所进行的各项活动中直接形成的。从某个角度来说，人们整个生命活动就是处于信息的生成、利用这一循环过程之中。档案对这些信息进行了承载，它伴随着人们生命的开始而开始，并贯穿于人们的整个生命活动之中。具体地说，档案来源于各种机构和个人，是在他们从事政治、经济、科学、技术、文化、宗教等活动的过程中产生的。前者包括机关、团体、军队、企事业单位等组织，后者涵盖了家庭、家族和个人。可见，档案的形成主体几乎包含了从事社会活动的所有主体。也正是因为这样，档案具有来源广泛的特点，同时档案内容具有丰富性，档案事务具有社会性。

（二）形成的原始性

这是档案最显著和最重要的特征。原始性是指档案的历史记录性，是档案的本质属性。档案是根据某一原始材料直接转化而成的，不存在事前编纂、事后编写的情况，更不是杂乱无章、随意搜集而来的。众所周知，档案是信息载体的一种，信息还有许多其他载体，如图书、情报、资料等。虽然信息载体众多，但却不是所有的信息载体都能被视为档案。这是由档案自身的特点决定的。人们的各种实践活动、社会生活都是档案生成的源泉，它客观、直接地记录了活动主体的活动历史，是"第一手资料"。这就决定了档案具有原始性、真实性，也从而使档案具有了证据作用以及依据作用。而之前提到的情报、图书、资料等是搜集、交流得来的，不是由社会活动直接生成的，属于"第二手资料"，其真实性存疑，因而不具有参考价值，不能转化成档案。

（三）形式的多样性

历史是不断发展的，社会也随之进步。风云变幻之间，档案的形式也经历了多种变化，这种变化主要是因为记录信息的方式和载体发生了变化。从记录信息的方式来看，经历了刀刻、手写、录音、摄影、录像等的变化；从记录信息的载体来看，经历了甲骨、青铜、竹简、锦帛、纸张、磁带、胶片、光盘等的变化。此外，表达方式的变化也决定了档案形式的多样性，如文字、图像、声音等。

（四）生成的条件性

档案在成为档案之前，首先是文件。但并不是所有的文件都可以成为档案，这之间的转化必须有特定的条件支撑才足以完成。首先，要转化成档案的文件必须是已经处理完的，正在处理的文件材料不能算是档案材料；只有当一份文件已经完成了传达和记录的使命，它才具有参考的价值，也才可以转化成档案。其次，文件要转化成档案，必须具有保存利用价值。不是所有处理完毕的文件都可以成为档案，必须对其进行筛选，保留其中对今后的工作或者科学研究有参考、利用价值的，这样的才可以转化成档案。可见，档案是文件经过筛选后留下的精髓。最后，档案必须是整理过后形成的有序的、完整的文件材料，不是杂乱无章的、没有条理的文件材料。换句话说，必须将文件材料按照一定的方法进行整理，才能使其成为有意义的档案。

四、档案的一般作用

档案的一般作用是指档案价值的外在和具体表现形式。档案产生于丰富的社会实践中，能够广泛地满足社会需求，因此，它的一般作用是很广泛的。

（一）机关工作的查考凭据

档案是机关工作的参考凭据。档案是各个机关、单位过去活动的真实记录，它是任何一个机关单位连续工作必须查考的凭据。各个机关单位为了有效地实行管理，必须切实地掌握材料。档案可以为机关、企事业等单位人员的领导工作和业务管理提供证据和咨询资料，借以熟悉情况、总结经验、制订计划、进行决策、处理各种问题。若是只凭借工作人员的记忆处理各项工作而没有任何凭证，那就有可能造成工作失误。

（二）生产活动的参考依据

档案脱胎于社会生活实践，在记载实际情况的同时，自然也会有反映自然环境、生产条件、社会发展、劳动经验等方面的内容。以上这些都可以在人们进行生产活动时加以参考、参谋。

（三）科学研究的可靠资料

任何一种研究都必须以广泛地占有资料为基础，以资料真实、可靠为前提。在科学研究中，档案不但能通过原始的记录提供直接借鉴，而且可以通过分析、概括、总结、实验等手段提供间接参考。由此可见，进行科学研究必然离不开档案。

（四）政治斗争的必要手段

档案总是在一定的社会制度中产生，由一定的阶级和政治集团形成，它记录和反映了社会上各阶级、政治团体等各方面的情况。因此，档案历来是阶级统治和政治斗争的必要手段。

（五）宣传教育的生动素材

和其他宣传材料相比，档案以原始性、直观性、具体性和生动性等特点见长。利用档案著书立说、报告演讲、进行文艺创作、举办各种展览等将具有强烈的说服力和感染力。

（六）文化传承的珍贵资料

一般而言，时间和作用范围成正比。档案在形成之初的相当一段时间内主要是对形成主体本身有用，可为形成单位的工作和生产活动提供查考凭据，档案发挥作用的主要对象是本单位。随着时间的推移、社会的不断发展，档案在本单位的现行效用会逐渐降低；档案进入档案馆管理阶段后，其利用服务的范围向社会扩展。与此同时，社会各界对这些档案的需求日益增强，人们有时候不仅仅需要运用自身的档案，还可能需要其他档案的帮助。在这种情况下，档案就逐渐成了一种隐性财富。

五、档案的价值及其实现规律

（一）档案的价值

档案的价值一般体现在以下两个方面：

1.档案的凭证价值

档案的凭证价值是指档案作为证据的价值。档案的凭证价值与其原始性特征密切相关。档案之所以具有凭证价值，是由档案的形成规律和档案自身的特点决定的。

从档案的形成过程及其结果来看，档案是从社会实践中诞生的，是被直接记录的，而不是在事后或者需要的时候编纂的、捏造的，因而具有客观性、真实性，足以令人信服。

从档案本身的物质形态来看，文件上保留着真切的历史标记：当事人的亲笔签名或者批示，机关或个人印信，原来形象的照片、录像和原声的录音等。这些就成为日后查考、研究、争辩和处理问题的依据。

2.档案的参考价值

档案的参考价值是指档案作为借鉴的价值。档案的参考价值与其记录性特征息息相关。

档案不仅记录了历史活动的事实和经过，而且记录了人们在各种活动中的思想发展脉络。档案中有成功的经验和失败的教训，有思想观点和实验观察数据，有社会的变革和生产的发展，这些都可以为后来的人们提供借鉴，使人们在工作和学习中少走弯路，更加快速地达到目的。

（二）档案价值的实现规律

档案价值的实现有一定的规律，具体如下：

1.作用范围的递增性

档案对机关的作用一般称为档案的第一价值，对社会的作用则称为档案的第二价值。档案形成以后，在相当长的时期内是机关、企业、事业等单位的工作活动中所必不可少的查考依据，档案发挥作用的对象和范围主要是档案形成主体自身。在这一阶段，档案的利用频率往往比较高，是发挥档案现实作用的重要时期。我国为数众多的档案室，是实现档案第一价值并为实现档案第二价值奠定基础的重要场所。

在档案的第一价值完全实现后，形成机关对这些档案的现实需要会逐渐淡化。档案在本单位保管若干年后，其作用便冲破原有的形成单位而扩展到国家和社会范围，过渡到第二价值。

2. 机密程度的递减性

档案随着人类的社会活动而产生，由于人们的某些活动涉及国家或个人的利益、安全及隐私，在一定时期或范围内不能公开，所以档案是有一定的机密性的。档案的机密性要求将档案的阅读和了解控制在一定的时间或范围内。档案的机密程度在确定之后并非一成不变，从总体上讲，随着时间的推移，档案的机密程度将会越来越小。因此，档案的保管时间与机密程度成反比，机密程度呈现递减趋势。

3. 作用的转移性

档案在行政领域内发挥的作用称为行政作用，在科学文化领域内发挥的作用称为科学文化作用。随着时间的推移，档案的行政作用会不断削弱，而其科学文化作用会不断增强。

就宏观的档案领域而论，档案的行政作用和科学文化作用一直是同时存在的。但从微观的特定部分的档案来看，这两种作用并非始终均衡地存在。档案的前身——文件是以处理现行事务为目的的，文件转化为档案之初，档案主要面向立档单位服务并主要作为查考凭据和业务活动的参考依据来指导工作、参与管理，发挥行政作用。随着时间的推移，保存时间较长的档案与现行事务的联系越来越少，档案发挥作用的范围和主要方面都会逐渐发生变化。其作用范围会逐渐扩大到全社会，由主要工作的查考凭据和业务活动的参考依据逐渐转变为科学研究的可靠资料和宣传教育的生动素材，从而使档案的科学文化作用跃居首位。

4. 发挥作用的条件性

档案价值的实现受到一定的环境和条件的制约和影响。综合来看，影响档案价值实现的环境一是社会政治环境，主要包括社会制度、法律法规、国家方针政策和战争等环境。二是社会经济文化环境，包括国家和地区的经济、文化发展水平。一般经济文化发达地区的社会文明程度较高，档案事业就比较先进，社会档案意识就高，社会对档案的利用需求较多。三是档案工作内部环境，包括档案管理水平、档案学理论研究水平、档案工作者素质等。所有这些都在一定程度上影响着档案价值的发挥。

第二节　档案管理工作的原则与性质

由上节内容可知，档案有其自身固有的特点，而且如果划分标准不同，其种类也不同。这些都对档案管理工作提出了要求，促使其必须按照一定原则开展工作。而在档案自身特性的驱使下，档案管理工作具有了其他工作所没有的性质。

一、档案管理工作的原则

档案管理工作坚持统一领导、分级管理的原则，维护档案的完整与安全，便于社会各方面的利用。我国用国家法律的形式确定了我国档案管理工作的基本原则。事实上，这一基本原则是在长期的档案管理工作实践过程中逐步形成和确定下来的。我国档案管理工作原则的内容由以下三个互相联系的有机组成部分构成：

（一）统一领导，分级管理

统一领导、分级集中地管理国家全部档案，这是我国档案管理工作的组织原则和管理体制。它是多年来行之有效的档案管理工作"集中统一管理"原则的延续和发展，其基本内容可以概括为如下三个方面：

1. 统一领导，统一管理

档案管理工作统一领导是指各级人民政府统一领导档案管理工作，国家档案管理工作由国务院直接领导，地方档案管理工作由地方各级人民政府统一领导。《中华人民共和国档案法》（以下简称《档案法》）规定：各级人民政府应当加强对档案管理工作的领导，把档案事业的建设列入国民经济和社会发展计划。档案管理工作统一管理是指中华人民共和国国家档案局（以下简称"国家档案局"）对全国档案管理工作进行全面规划、统筹安排，制定统一的档案法规和业务标准、规划等，对全国的档案管理工作进行分级、分专业管理。

2. 由各级档案行政管理机关统一、分级、分专业管理

统一管理是指国家档案行政管理机关主管全国档案管理工作，对全国档案管理工作进行全面规划和统筹安排，制定统一的档案法规、方针政策和业务标准，进行统一的监督、指导和检查。

分级管理是指全国档案管理工作由各级档案行政管理机关分层负责管理。各地方档案行政管理机关应按照国家有关档案管理工作的统一要求和规定，结合本地情况，制定本行政区域内的档案管理工作规划、制度、标准、办法等，对本行政区域内的档案管理工作进行指导、监督和检查。

分专业管理是指中央各专业主管机关在国家档案行政管理机关的指导下，针对本专业系统的特点制定本专业系统档案管理工作规划、制度和办法，并对本系统的档案管理工作进行指导、监督和检查，保证国家有关档案管理工作的方针政策在本专业系统得到贯彻执行。

3. 实行党、政档案和党、政档案管理工作统一管理

实行党、政档案和党、政档案管理工作统一管理，是我国档案管理工作管理体制区别于世界其他国家的特点之一。

我国党、政档案及党、政档案管理工作统一管理的具体内容是：一个单位的党、政、工、团档案由该单位档案室统一管理；各级党、政机关形成的具有长久保存价值的档案由中央档案馆和地方综合性档案馆统一管理；党的系统、政府系统的档案管理工作，由档案事业管理机关统一进行指导、监督和检查。

（二）维护档案的完整与安全

维护档案完整与安全，是档案管理的基本要求。只有维护档案的完整与安全，才能维护党和国家的历史面貌，才能保证对档案的有效利用。

1. 维护档案的完整

维护档案的完整包括档案材料收集齐全和整理系统两方面。所谓收集齐全，是指凡是有保存价值的档案，都要求尽量收集齐全、不残缺，能反映出一个单位、一个系统、一个地区和整个国家社会活动的历史面貌。所谓整理系统，是指凡是有保存价值的档案，必须按照它们的形成规律系统地整理，维护档案之间的有机联系，不能人为地割裂分散或凌乱堆放，要能全面、系统地反映出一个单位、一个系统、一个地区和整个国家从事社会活动的过程和本来面貌。

2. 维护档案的安全

维护档案的安全有两方面的含义：一方面是档案实体的安全，另一方面是档案内容的安全。维护档案实体的安全，就是在档案管理过程中要求尽力改善档案保管条件，采用科学的防护措施，使档案不受损坏，尽量延长档案的寿命。维护档案内容的安全，是指确保档案在政治上、信息上的安全，要求对机密档

案和需要控制使用的档案实行严格管理，确保机密档案不丢失、不泄密、不超范围扩散。

维护档案的完整与安全，是对整个档案管理工作的要求。从一定的意义上来说，整个档案管理都是在进行维护档案的完整与安全工作。维护档案的完整与安全不仅是档案保管工作的主要任务，也是档案收集、统计工作的重要任务之一，而档案整理和鉴定工作也直接有利于维护档案的完整与安全，就是档案的利用工作也必须在保证档案完整与安全的条件下进行。由此可见，维护档案的完整与安全是在档案管理工作中贯穿始终的一种要求。档案管理工作的一切管理原则、规章制度乃至具体的技术处理工作，都必须贯彻这个要求。

（三）便于社会各方面利用

档案能不能成为档案，还要看它能否被社会各方面利用，只有达到这个标准，才能称之为合格的档案。而档案管理工作的核心是档案，自然也要以档案的这一性质为工作核心。可以说，档案管理工作都是以此为目的展开工作，并始终将这一思想贯穿在整个工作过程之中。

档案管理工作者只有牢记档案管理工作的根本目的，明确衡量档案管理工作成效的主要标准，才能较为妥善地处理档案管理工作内外关系中的各种矛盾，把档案管理工作做得更好。在档案管理工作基本原则中，统一领导、分级管理是核心，没有统一领导、分级管理的组织保证就不会有档案的完整与安全，也就很难实现便于社会各方面利用的目的；维护档案的完整与安全是手段，便于社会各方面利用档案是目的，前者为后者提供保证和物质基础，而后者是前者的目的和方向。

综上所述，我国档案管理工作的基本原则是一个辩证统一的有机整体，具有丰富的思想内容。它作为所有档案管理工作的最基本的原则，影响和决定着档案管理工作各个环节的一切具体原则和方法。在档案管理工作中必须始终遵循这个基本原则，才能使档案管理工作正常地进行、健康地发展。

二、档案管理工作的性质

档案管理工作是一项很重要的专门事业，是实现社会主义现代化建设、开展历史研究、进行各项工作的必要条件。做好档案管理工作不仅是当前工作的需要，而且是维护党和国家历史真实面貌的重大事业。

（一）档案管理工作是一项管理性的、科学性的工作

从档案管理工作自身来说，它属于一种管理性的、科学性的工作。它又以专门的工作内容及其特点区别于其他管理工作。

一方面，就总的档案管理工作来看，它是一项专门业务。档案管理工作不生产物质财富，也不直接从事国家管理、进行决策及其他专业活动，档案主要也不由档案管理工作机构和档案管理工作人员产生和利用；档案管理工作是专门负责管理各部门形成的历史文件的一个独立的专业，属于国家科学文化事业的组成部分。国务院《关于加强国家档案工作的决定》中规定："档案工作的任务就是要在统一管理国家档案的原则下建立国家档案制度，科学地管理这些档案，以便于国家机关工作和科学研究工作的利用。"

我们可以看到，对档案的管理并不只是简单地保存、出纳，而是必须采取一套行之有效的、科学的、规范的管理方法，使其处于有机整体之中；对其甄别、筛选、归纳都有据可依、有迹可循，使其满足社会各方面的利用需求。总之，档案管理离不开科学的考证、系统的整理，具有极强的科学性。

另一方面，从特定的部门、一定单位的档案管理工作来看，它又是某种管理工作的组成部分。就档案的保存和流传利用程序而言，可以分作档案室阶段和档案馆阶段。档案室保存的档案是本单位进行职能活动的历史记录。在档案室保存阶段中，由于日常工作经常查考档案，所以档案参与单位管理活动。因此，档案室工作也就是相应的工作活动的内容之一。在不同的机关，不同档案的管理属于不同工作的管理范围，如会计档案管理工作和干部档案管理工作，分别为财务管理和干部管理工作的一部分；科技档案管理工作，则是生产管理、技术管理、科研管理的重要组成部分。

鉴于档案管理是一项科学性的工作，因此档案管理工作人员必须具有相关的科学知识。一方面，一个档案管理工作人员必须具有档案学相关知识，尤其是要熟练掌握档案管理的理论、方法与技巧，这是一个专业的档案管理工作人员必须具有的专业基本功。同时，也要学习和掌握有关的（起码与所藏档案相关的）历史知识和部门专业知识，特别要具备识别、研究和系统地管理档案的能力。另一方面，也要学习和掌握与档案管理有关的一般科学文化知识，特别要具备应用于档案管理的各种方法和管理手段所需要的基础知识。应该指出，档案管理工作人员要积极地、逐步地学习和掌握档案管理现代化知识和技能，以适应社会主义现代化建设对档案管理工作的新的迫切需要。

（二）档案管理工作是一项服务性的工作

从档案管理工作同其他工作的关系来看，它属于一项服务性的工作。尽管我们的生活中有许许多多的服务性工作，但是通过管理和提供档案为各项工作服务的也只有档案管理工作而已。

很多时候，社会主义事业发展需要档案提供信息，档案部门正是为此服务的。其日常对档案的研究、编著，都是为了使社会各方面在使用档案的时候能够更加便捷、方便、全面、准确，保证党和国家在开展各项工作时有充足的资料。以上种种也足以表明档案管理工作有着举足轻重的社会地位、深刻重要的影响，它将社会主义各项事业有机地、有序地联系在一起，并为党和社会各项事业提供保障、参谋和服务，是一项完全的后勤性质的服务工作。

档案管理工作的服务性，是档案管理工作赖以存在和发展的基本因素。回望历史发展过程，无论在哪个历史阶段，档案都是在为政治、经济、文化服务。这些既是档案的服务对象，也是其得以发展的依赖，否则档案就没有存在的必要和基础。自新中国成立以来，档案管理工作的服务对象一直是社会主义事业，在社会主义事业的推动下，档案管理工作也得到了极大发展。但是囿于某些历史因素，档案管理工作有时不但没有发挥其作用并得到发展，反而出现了停滞或者倒退的现象。如今，我国进入新的社会发展时期，国家和社会各方面都开始越来越重视档案管理工作。这是因为各行各业对档案的需求越来越大，其发展有赖于档案的帮助，档案的服务作用得以更充分地发挥。

（三）档案管理工作是一项政治性的工作

我国的档案管理工作不是一般的服务性工作，在国内外的政治斗争中，档案管理工作总是巩固人民民主专政、维护国家机密和保护历史财富的重要阵地之一。

档案管理工作的服务方向是档案管理工作政治性的集中表现。回顾历史可知，档案管理工作从来就不是独立的，它被掌握在一定的阶级手里，为当时环境下的政治制度、发展路线服务。今天，我们处于社会主义社会，而档案管理工作为谁服务这个问题仍旧不可轻视；一旦处理不好，就有可能造成非常严重的政治后果，因此必须严肃以待。我们能确定的是，在社会主义的今天，档案管理工作的进行必须坚持四项基本原则，必须把工作重点切实地转移到为以经济建设为中心的社会主义现代化建设服务中来。

档案管理工作的机要性也是档案管理工作政治性的表现之一。档案管理工作具有机要性，不仅仅是因为档案自身固有的特点，更是源于国家的利益。查阅古今、环顾中外档案工作发展史可知，保密可谓是档案管理工作一直以来的要求。就拿我国来说，政治、经济、科学技术、军事等方面的档案大多都是保密的。国际上的反动势力和我国的敌对分子对这些保密的信息内容都虎视眈眈、觊觎窥探。由于科学技术飞速发展，窃密与反窃密斗争更为尖锐复杂，尤须提高警惕。不仅仅是面对外部，在我们国家内部，有些档案也是要保密的，不能对所有人公开，有的档案甚至要一直保密。这是因为有的档案一旦公开，会不利于社会稳固、人民团结，会对社会主义建设事业造成破坏。鉴于此，档案管理工作者必须时刻不动摇保密观，从各个方面利用各种手段对党和国家的机密进行维护。

人们历来都将档案资料视为历史，而在这历史的记录中不乏篡改历史与维护历史真实性的斗争。回顾中国历史，有的人为了一党之利篡改、歪曲历史，但是也有不少忠良、正直之人不畏强权、依史记录。排除历史和阶级的局限性来看，秉笔直书、据实立档才是档案管理工作的主流。不仅仅是历史，社会现实也告诉我们，出于政治利益或者某些原因而篡改历史的行为现在依旧存在。档案是历史事实的"第一手资料"，档案管理工作必须保持绝对的客观性、真实性，只有这样，才能维护、再现历史的真实面貌，保证党和国家的形象表里如一。鉴于以上内容我们可以知道，做好档案管理工作是一项基于社会现实的、与历史发展同步的、绵延千万年的重要事业。

维护党和国家历史的真实面貌是一种严肃的政治斗争。档案管理工作者必须加强党性，坚持辩证唯物主义和历史唯物主义，实事求是，要有立档不怕杀头的精神，保护档案的真迹不受破坏；应当积极地提供档案用以编修史志，用档案印证历史、校正史实，使档案得到正常的利用；要同一切破坏档案、歪曲历史的行为进行坚决的斗争。

第三节　档案管理工作的组织体系与制度建设

档案管理工作必须在合理、科学的组织体系下才能沿着正确的道路前行。在我国，档案管理工作的组织体系由档案室、档案馆、档案行政管理部门、新型档案机构以及其他辅助性机构共同构成。此外，制度建设也是档案管理工作的重要组成部分。

一、档案管理工作的组织体系

（一）档案室

1.档案室的性质

档案室是各组织（包括机关、团体、学校、工厂、企业、事业单位等，下同）统一保存和管理本单位档案的内部机构，是整个机关的组成部分，属于单位管理和研究咨询性质的专业机构。党、政、军等机关单位的档案室又是机关的机要部门之一，具有机要部门性质。从全国档案管理工作来说，档案室又是国家档案管理工作组织体系中最普遍、最基层的业务机构，应向各级国家档案馆移交具有长远保存价值的档案。

2.档案室的地位和作用

（1）是机关、团体、企事业单位中一个不可缺少的内部组织机构

档案室是机关、团体、企业、事业单位内具有参谋和咨询作用的部门，是机关工作的助手。档案室为机关的领导工作和机关内各部门的工作提供参考和可依据的档案材料，为机关的工作和生产活动服务。它是提高机关工作效率和工作质量的必要条件，是维护机关历史面貌的重要机构。

（2）是整个档案管理工作的基础

档案室是国家全部档案不断丰富的源泉，整个国家档案的完整程度和连续积累首先取决于档案室。在全国档案工作组织体系中，档案室是档案形成后首先提供资料、发挥现实作用的前哨。档案室中具有长远利用价值的档案最终要转移到档案馆，因此，档案室档案管理工作的好坏直接关系到档案馆档案质量的高低。

3.档案室的职责

档案室的职责包括以下内容：

第一，贯彻执行有关法律、法规和国家有关方针、政策，建立、健全本单位的档案管理工作规章制度。

第二，指导本单位文件、资料的形成、积累和归档工作。

第三，统一管理本单位的档案和相关资料，定期把具有长远保存价值的档案向有关档案馆移交。

第四，监督、指导所属机构的档案管理工作。

（二）档案馆

1. 档案馆的性质

根据《档案法》和有关文件的规定，档案馆属于党和国家的科学文化事业机构，是永久保管档案的基地，是科学研究和各方面工作利用档案史料的中心。

我国大多数档案馆是统一保管党组织和政府机关档案的管理部门，所以它既是党的机构，又是国家机构。根据有关文件的规定，各级档案馆是各级党委和人民政府的科学文化事业机构。

2. 档案馆的主要职责

《中华人民共和国档案法实施办法》第十条指出，中央和地方各级国家档案馆是集中保存、管理档案的文化事业机构。《档案法》第八条规定，档案馆主要承担下列工作任务：

第一，收集和接收本馆保管范围内对国家和社会有保存价值的档案；

第二，对所保存的档案严格按照规定整理和保管；

第三，采取各种形式开发档案资源，为社会利用档案资源提供服务。

3. 档案馆的类型

档案馆的类型主要有以下四种：

（1）综合档案馆

综合档案馆是按照行政区划或历史时期设置的管理规定范围内多种门类档案的具有文化事业机构性质的档案馆。在这类档案馆中，有按照行政区划设置的，如四川省档案馆、北京市档案馆等；有按照历史时期设置的，如中国第一历史档案馆、中国第二历史档案馆等。

（2）专业档案馆

专业档案馆是管理特定范围内专业档案的档案馆，它可以按照载体形态设置，也可以按照某一专门领域设置。在这类档案馆中，有按照载体形态设置的，如中国电影资料馆、中国照片档案馆；有按照某一专门领域设置的，如吉林省地名档案资料馆。

（3）城市建设档案馆

城市建设档案馆是以城市为单位建立，接收、保存城市范围内于城市规划、建设、维护、管理活动中形成的需要长远保存的档案的科技事业单位。根据国家要求，我国20万以上人口的大、中城市必须建立城市建设档案馆，如成都市城市建设档案馆。

（4）部门档案馆

部门档案馆是专业主管部门设置的管理本部门及其直属机构档案的档案馆。这类档案馆有中华人民共和国外交部档案馆等。

（三）档案行政管理部门

1. 档案行政管理部门的性质

档案行政管理部门是具有政府行政管理职能的档案事业管理机构。档案行政管理部门本身并不直接管理档案，它是监督、指导和检查档案管理工作的行政机关。

2. 档案行政管理部门的地位和作用

档案行政管理部门是我国档案管理工作组织体系中的行政系统，是国家档案事业的组织和指挥中心。国家授权各级档案行政管理部门管理国家档案事务，它在整个档案事业发展中起着决策、规划、组织、协调、监督、指导和检查的作用。

3. 档案行政管理部门的类型

（1）国家档案局

国家档案局是国务院直属的掌管全国档案事务的职能机构，1954 年 11 月 8 日，经第一届全国人民代表大会常务委员会第二次会议批准成立。

（2）地方档案局

地方档案局是各省（自治区、直辖市）、市（地区、自治州、盟）、县（区、旗）人民政府直接领导的掌管本行政区划内档案管理工作事务的职能机构，它在业务上受上级档案局指导。

（3）档案处（科）

中央和地方专业主管机关及军队系统都设有档案处（科），负责对本系统各单位档案管理工作进行监督、指导和检查。它们在业务上受国家档案局统一指导，地方专业主管机关的档案管理工作以受地方档案局业务指导为主，同时接受上级专业主管机关的业务指导。

（四）新型档案机构

最近几年，我国出现了一些新型档案机构，其中较为突出的是文件中心、档案寄存中心、现行文件中心和档案事务所（也称档案咨询中心）。在这些机构中，除个别文件中心外，一般都属于商业化的档案中介机构。

1. 文件中心

文件中心是一个社会化、集约化和专业化的档案管理机构。文件中心不同于档案室，并不是一个单位内部的档案管理机构，而是介于单位和档案馆之间的一种过渡型档案管理机构。随着我国档案管理体制改革的深入，这种类型的档案管理机构将会得到进一步的发展。

2. 档案寄存中心

档案寄存中心是由国家综合档案馆设立的，为各类企业、社会组织以及个人提供文件与档案寄存服务的机构。档案寄存中心主要为不具备充分保管条件的企业单位、破产单位、社会团体、公民个人等提供文件与档案的寄存服务。档案在寄存中心保存期间，所有权形式不变。档案馆一般只提供安全保管服务。

3. 现行文件中心

现行文件中心是指在档案行政管理机关的管理下收集行政机构的现行文件，为社会各界查询、了解政府在社会管理事务方面的现行政策、规定提供政务信息服务的内部机构。现行文件中心是一种宽泛的称谓，在我国档案界开展现行文件服务的过程中，称呼也各不相同，如现行文件查阅服务中心、文档资料服务中心、文件资料服务中心、现行文件阅览室等。

4. 档案事务所

档案事务所是指提供档案事务服务的一种商业性档案服务机构，是一种独立经营、独立核算、自负盈亏的企业型单位。档案事务所的业务范围主要是开展档案业务的指导、咨询以及各种档案的劳务性服务（如技术示范，承揽档案整理、修复、数字化加工，档案文化建设，档案管理软件定制业务等）工作。

（五）档案管理工作的辅助性机构

档案管理工作的辅助性机构主要有以下几种：

1. 档案专业教育机构

档案专业教育机构是为档案管理工作培养和输送合格的档案专业人才的机构。这些机构主要有综合性大学内设置的档案学院、系、专业，以及档案中等专业学校和档案行政管理部门设置的档案干部培训中心等。

2. 档案科学技术机构

档案科学技术机构是研究档案学基础理论和档案管理工作应用科学技术的机构。这些机构主要有档案行政管理部门设置的档案科学研究所、综合性大学设置的档案学研究室，以及中国档案学会及其在各省、市的分会等。

3. 档案宣传、出版机构

档案宣传、出版机构是通过各种宣传工具和出版物，宣传档案管理工作、传播档案知识的机构。这些机构主要有国家档案局的档案出版社，以及各级档案部门创办的档案刊物所属的杂志社等。

二、档案管理工作的制度建设

（一）制度种类

1. 工作规章

（1）明确文件形成、归档责任

机关、企事业单位在制定有关规章、标准和制度时，应提出相应的文件收集、整理和归档的责任要求。

（2）制定档案管理工作规定

档案管理工作规定是本单位档案管理工作的基础，其主要内容应包括档案管理工作原则及管理体制，文件的形成、积累与归档职责要求，档案收集、整理、保管、鉴定、统计、利用要求等。

（3）建立档案管理工作责任追究制度

对相关岗位人员违反文件收集、归档等档案管理制度，发生档案泄密、造成档案损毁等的行为，单位应提出责任追究和处罚措施，并将有关要求纳入相关管理制度。

（4）制定档案管理应急预案

对可能发生的突发事件和自然灾害，应制定档案抢救应急措施，包括组织结构、抢救方法、抢救程序、保障措施和转移地点等。对档案信息化管理软件、操作系统、数据的维护、防灾和恢复，应制定应急预案。

2. 管理制度

管理制度用来明确档案管理工作业务环节及重要专项工作管理的基本要求，主要包括以下几项制度：

（1）文件归档制度

应明确文件归档范围及保管期限、归档时间、归档程序、归档质量要求。

（2）档案保管制度

应明确各门类档案保管条件、特殊载体档案保管方式、档案清点检查办法、对受损档案的处置办法、档案进（出）库要求、库房管理要求和库房管理员职责。

（3）档案鉴定、销毁制度

应明确鉴定、销毁工作的组织、职责、原则、方法和时间等要求。

（4）档案统计制度

应明确统计内容、统计要求和统计数据分析要求。

（5）档案利用制度

应明确档案提供利用的方式、方法，规定查（借）阅档案的权限和审批手续，提出接待查（借）阅档案的要求。

（6）档案保密制度

应明确档案形成者、档案管理者、档案利用者应承担的保密责任。

（7）电子档案管理制度

应对本单位各信息系统中形成的电子文件提出归档、管理和利用要求。

（8）档案管理系统操作制度

应明确档案管理系统操作人员的职责，以及档案管理系统软件、硬件的操作要求。

3. 业务规范

业务规范主要用来明确不同门类和载体形式的档案管理的基本要求，主要包括以下几种：

（1）文件档案整理规范

应明确文件整理与档案整理原则、整理方法、档号编制要求和档案装具要求等。

（2）档案分类方案

应明确分类原则、依据、类别标识、类目范围等。

（3）文件归档范围和保管期限表

应明确各类文件归档的范围及其相对应的保管期限。

（4）特殊载体档案管理规范

应明确不同载体档案的收集、整理要求和保管条件。

（二）制度建设要求

1. 依法依规

制定档案管理工作规章制度的依据主要包括《中华人民共和国档案法》《中华人民共和国档案法实施办法》，国家档案局颁布的档案行政规章，国务院各部委和国家档案局联合颁布的档案行政规章，国家、各市印发的各类业务规范标准，档案行政规范性文件以及其他与档案管理工作有关的法律法规，如《中华人民共和国保守国家秘密法》《中华人民共和国著作权法》等。任何单位和组织制定的档案管理工作规章制度都不得与之相抵触。

2. 切合实际

制定档案管理工作规章制度应以管得住、易操作为原则，不必一味求大求全。就规章制度类别来看，工作规章是一个单位依法开展档案管理工作的根本依据，其基本要求应当被纳入单位的规章制度及考核内容中。而管理制度和业务规范既是工作依据，又指导实际操作，着重解决"做什么"和"怎么做"的问题，应当根据一个单位档案管理工作的具体情况制定。如收集、整理、归档、保管、利用、安全保密等工作是档案业务的重要环节和要求，关系到档案的完整、系统和安全，有必要通过制度来明确责任和工作流程，成为各部门、处室共同遵守的行为准则。因此，这些是开展档案管理工作必须建立的工作制度。又如档案检索、统计、编研等业务工作主要由档案机构专职人员承担，对一个单位的其他部门和人员来讲不具有普遍约束力。因此，可根据单位性质、规模等具体情况选择制定或纳入档案管理工作规定中一并制定。再如特殊载体档案、专门档案等有其管理的特殊要求，应当结合本单位档案分类方案及业务活动实际分门别类，逐步建立、健全相关制度，确保不留管理空白。

3. 保持相对稳定

档案管理工作规章制度具有稳定性特点，尤其是涉及文件和档案整理等方面要求的，如档案分类方案、归档文件材料整理规范等，一旦作为工作制度确立下来，短时间内不要轻易改变；否则容易造成档案分类和文件整理标准前后不一致，给今后的档案调阅和查考带来不便。

4. 适时修订完善

随着国家新标准、新规范的出台以及档案行政规范性文件有效期届满修订等工作的开展，尤其是信息技术的发展和无纸化办公的普及，对电子文件归档管理、电子档案管理、传统载体档案数字化、档案信息安全保密等工作提出了新要求。因此，档案管理工作制度也必须适应新形势新要求，适时调整和补充完善。

第二章　档案收集与整理

按照档案形成的规律把分散的材料接收、征集、集中起来，并对收集来的档案分门别类、组成有序体系是档案管理中的一项基础工作，这就是档案的收集与整理。通过这两项工作，档案管理人员可以把分散在各机关、部门、个人手中和散失在社会上的档案集中到机关档案室和国家档案馆进行科学管理，从而建立档案实体的管理秩序，为档案鉴定、保管、检索、利用、编研等工作奠定基础。

第一节　档案收集与整理工作概论

一、档案的收集工作

（一）档案收集工作的内容

档案收集是一种按照党和国家的规定，通过例行的方式和制度接收、征集有关档案和文献的活动。这种活动可以将散落在各机关、组织、个人手中的相关档案统一收集到有关的档案室或档案馆，以便实现对相关档案的科学管理。具体来看，档案收集工作涉及以下几方面的内容：

第一，机关单位、事业单位和企业单位的档案室对本单位所要归档的档案的接收。

第二，档案馆对辖区内现行机关单位、事业单位、企业单位和撤销单位的具有长期保存价值的档案的接收。

第三，对中华人民共和国成立以前各个历史时期所形成的档案的接收与征集。

在这里需要注意的是，档案收集工作并非一项简单的事务性工作，而是一项会受国家政策影响并且具有很强业务性特征的工作。这主要体现在两方面：

一方面，档案室和档案馆在收集档案时需要根据国家政策规定以及档案的特性进行选择；另一方面，档案收集工作受档案形成者的档案意识水平、价值观以及档案馆（室）保管条件等多种因素的制约，需要综合研究、统筹规划，提高档案收集工作的质量。

（二）档案收集工作的地位

在整个档案整理工作中，档案收集处于一个十分特殊的地位，这一地位主要体现在以下几方面：首先，档案收集工作是档案馆（室）积累档案的一种重要手段，也是档案馆（室）开展档案工作的业务对象和业务起点。其次，档案收集工作是档案馆（室）对档案进行有组织、有目的、有纪律、有规划的管理的一项具体措施。再次，档案收集工作质量的好坏，会直接影响档案馆（室）其他工作的开展和实施。最后，档案收集工作是档案馆（室）和外界发生联系的重要环节之一，是以国家相关政策为依据与社会进行广泛接触，且需要工作人员具有较强的业务能力的工作。

（三）档案收集工作的特点

1. 预见性与计划性

作为人类各种社会活动的伴生物，档案的形成具有很强的分散性特点，即档案是散布于社会各个方面的。档案室和档案馆要进行档案收集，只有对其进行认真调查，科学地分析和预测档案形成、使用、管理的规律和特点，才有助于从分散的档案中做好收集工作。

同时，档案馆和档案室在进行档案收集时，还必须充分、全面地了解和把握本馆（室）主要档案用户的利用动向、特点和规律，以便结合档案用户的长远需要收集能为他们所用的档案，真正发挥档案收集的作用。这意味着档案馆和档案室需要提前制订好档案收集工作计划，以便有计划、主动地开展档案收集工作。

2. 完整性与系统性

档案收集的一个重要要求就是收集到的档案必须在种类、内容方面符合齐全、完整的特点，档案之间也能构成一个有机整体。这就使档案收集工作也表现出完整性和系统性的特点。档案收集工作的完整性和系统性特点要求档案收集工作人员在收集档案时，必须考虑档案在当前以及未来在生产、生活中能起到的积极作用，以便真正实现档案收集工作的价值。

3. 针对性与及时性

档案收集工作必须根据各级各类档案馆（室）收集档案的范围来进行，不能违反国家规定，擅自收集不属于本馆（室）收集工作范围的档案，以保证收集工作能够有目的、有重点地进行。档案收集工作还具有及时性的特点。它要求档案工作人员必须有明确的时间意识，将应当接收或征集的档案及时收集进馆（室）；档案部门应当尽最大的努力避免拖延迟误，在掌握有关信息线索的前提下，采取相应的方式尽快将档案收集起来。

二、档案的整理工作

（一）档案整理工作的内容

一般情况下，档案整理工作的内容主要包括区分全宗、在全宗内建立档案分类、立卷并进行案卷编号、编制案卷目录。因为实际工作状况存在差异，所以具体的档案整理工作内容也会有所差异。从实际情况来看，目前我国的档案整理工作按内容范围大致可以分为以下三种情况：

第一，在正规的工作条件下，档案室所接收的文件大多数是由文书部门和业务部门按照本室档案归档工作的要求立好的案卷，而档案馆接收的档案则是根据本馆档案要求整理好的需移交的案卷。正因为这样，档案室和档案馆的档案整理工作主要是对接收的档案进行更大范围的系统整理，如全宗和案卷的排列、案卷目录的加工等。

第二，对一些已经入馆、入室保管的档案文件，档案馆或档案室在整理时可能发现其中存在一些不符合本馆、本室档案工作要求的问题，这就需要档案馆和档案室根据本馆、本室档案工作要求对其进行重新加工、整理，以提高档案整理工作的质量。同时，还有一些保存时间较长、档案自身和整理体系已经发生变化的档案，档案室和档案馆也需要对其进行重新整理。

第三，在有些情况下，档案室和档案馆也会接收一些零散的档案文件，这就需要工作人员对其进行全过程的整理和加工。其工作内容与一般档案整理工作内容相同，即区分全宗、在全宗内建立档案分类、立卷并进行案卷编号、编制案卷目录。

在实践中，我国档案室和档案馆对档案的整理主要属于第一种情况，但后两种情况也经常出现。因此，档案工作人员需要熟悉整个档案整理工作的程序，具备相应的业务能力。

（二）档案整理工作的程序

1. 系统排列和编目

在正常情况下，档案室接收的是文书部门和业务部门按照归档要求整理好的文件材料，而档案馆接收的是各个单位档案室按照进馆规范系统整理的档案。因此，对于档案室和档案馆来讲，档案整理工作只是在更大范围内对接收进来的档案做进一步整理。

2. 局部调整

档案馆（室）在日常管理工作中要定期对所藏档案进行检查，如果发现明显不符合要求、确实影响保管和利用的档案，档案馆（室）有责任对不合理的整理状况进行局部调整。

3. 全过程整理

档案馆（室）在收集档案的过程中，由于种种原因，其中有些档案没有经过系统的整理而处于凌乱状态。面对这种情况，就必须进行全宗划分、组合、排列和编目等全过程整理工作。

（三）档案整理工作的原则

1. 注意保持档案之间的有机联系

可以说，档案整理的任务就是要"自然地"按照档案文件"固有的次序"去排列、组合档案文件实体并固定它们相互间的位置，使其保持内在的、客观的有机联系，形成具有合理、有序结构的统一体。

档案之所以会对各种类型的、有着不同需求的用户有用，就是因为它记录了一定的人类活动过程。这种活动过程是与各种事物相联系的，因此后来的利用者才会从这一活动过程与自己查考事物的关系的角度出发来利用相关档案。也就是说，从各种角度、方面出发所产生的对档案的利用要求，实际上是档案所反映的活动过程本身所引发的，是由这种活动本身的存在而派生出来的。因此，档案分类只能依据形成档案的活动过程本身所具有的运动规律和科学程序来进行，即应以保持文件中与这种过程、规律或程序相吻合的本质的有机联系为原则。

在这里需要注意的是，档案之间的有机联系并不是绝对的，而是相对的。在同样类型的活动过程中，事物之间的各种矛盾和联系也是多种多样的。哪种主要、哪种次要是随客观条件的变化而变化的，所以对待文件间的有机联系必须具体问题具体分析，绝不能机械地认为保持某种联系最重要，因而顽固地坚持非采用某种分类方法不可。相反从实际出发变换我们的方法，力求保持文件间最紧密的联系才是唯一正确的做法。

2. 充分利用原有的整理基础

档案是历史的产物，在入藏以前，有的档案可能存有文件作者或经办人员保管、利用它们的痕迹，有的则可能经过历代档案工作人员的整理。因而在档案整理过程中应注意发现上述痕迹并加以利用，即充分利用原有的整理基础，这也是科学组织档案分类工作的一条原则。

档案中存在的经过初步保管、整理的状况或成果，在某些情况下可能会存在一定的合理成分。如文书处理人员为便于承办和利用，常把同一事件的请示与批复放在一起，形成了档案文件间一种自然的排列次序；而过去的档案工作人员在整理文件时，更是出于当时的某种需要或某种考虑，把具有某种共同特征（如同一问题、作者、时间或形式等）的文件组合在一起。正因如此，档案工作人员应该从实际出发，充分认识并利用原有的基础来确定档案整理的任务与方式，不轻易打乱重整。也就是说，在整理档案之前，应对档案的现状进行调查研究。

首先，如果发现档案已初步经过整理、原基础较好，一般就不必打乱重整。这种原有的基础，按现在的标准衡量，可能在保持有机联系的问题上有这样或那样的缺陷。但是整序档案作为实体控制的手段，其目标无非是使档案按一定的规则或规律排列起来，确定其存放的位置，以便于检索。只要这些档案有规可循、有目可查，一般就应尽量保持其原有的整理体系。

其次，即使原基础很不理想，根本未经整理或必须重整，也应仔细研究存在于档案中的每一条线索，不轻易打乱、破坏文件产生过程中形成的自然顺序或前人的整理成果。也就是说，要注意吸取原基础中的合理成分，即使对某些极简单的保存与清理工作的痕迹，也应注意分析其是否有参考价值。只有在全面掌握原基础情况以后，才能拟订切实可行的计划，动手整理档案或仅仅做局部调整。

3. 便于保管和利用

整理档案时应充分利用档案原有的基础，尽量保持档案之间的有机联系。但在具体的整理实践中，有些文件之间有机联系的保持又容易与档案保管的便利性产生冲突。例如，某次会议产生的文件有纸质的，也有视频、音频形式的，还有可公开的、必须保密的。如果单纯只强调文件之间的有机联系，将它们混合起来进行整理，很显然会对保管的便利性产生不利影响。因此，在整理档案时，如果档案之间的有机联系与档案保管的便利性产生冲突，不能只重视文件之间的有机联系，还要充分考虑档案保管与利用的便利性。对于不同种类、不同载体、不同机密程度、不同保管价值的档案，应根据具体情况具体处理、恰当组合，以便在一定范围内保持档案的最优化联系。

在这里需要注意的是，档案整理必须便于保管和利用，但并非通过它就能完全满足从多角度检索档案文件的一切需求。便于保管和利用既是档案整理的出发点，更是整个档案管理工作的出发点，不能要求在实体控制阶段就"毕其功于一役"。应该看到，档案整理工作的任务是按一种规则排列档案实体并使之形成有序结构，从而为档案的更好保管和进一步利用奠定必要的基础。至于使档案信息能从多角度检索、满足一切查寻要求，那是智能控制的任务，不能强求由档案的实体整理工作去完成；否则就只能今天按这种方法整理，明天又按那种方法排序，反而使档案实体易于损毁、不便利用。

第二节　档案室与档案馆的收集工作

一、档案室的收集工作

档案室的收集工作包括接收本单位归档的文件和收集未及时归档的平时文件两个方面的内容。其中，将文件归档是档案室收集档案的主渠道，对平时文件的收集则是一种补充。

（一）文件归档

各单位在工作活动中产生的文件材料办理完毕后，不得由承办部门或个人分散保存，必须由文书部门或业务部门系统整理，定期移交给本单位档案室集中管理，这就是归档。在我国，归档是党和国家明文规定的一项制度，并且以法律的形式固定下来，这就是通常所说的归档制度。归档制度是档案室收集工作的重要内容和最基础的工作，建立、健全归档制度能够确保档案室档案来源的连续性，为国家积累档案财富提供重要保障。

1. 归档范围

归档范围是指办理完毕的档案文件应该归档还是不应该归档的范围。决定文件是否应该归档的主要因素是档案文件本身的保存价值。根据国家档案局制定的《机关文件材料归档范围和文书档案保管期限规定》（国家档案局第 8 号令），以下几种档案文件都属于归档范围：

第一，能反映本机关历史发展情况以及本机关的主要职能活动，并且对本机关的工作具有利用价值的文件材料。

第二，在机关工作活动中形成的维护国家安定、公民权益等方面的凭证性文件材料。

第三，本机关需要执行的上级机关、同级机关的文件材料，以及下级机关报送的重要文件材料。

第四，其他对本机关工作具有参考价值的文件材料。

不属于归档范围的文件材料主要包括以下几种：

第一，备份的文件材料，如国家相关机关印发的文件，本单位内凡有备份的，均由主管单位负责归档，其余可不必归档。

第二，一般事务性且没有保存价值的文件材料。

第三，未经会议讨论，未经领导审阅、签发的文件材料。

第四，未成文的草稿以及经过多次修改的修改稿。

第五，与本机关、单位业务无关的由主管机关和非隶属机关发来的文件材料。

第六，本机关领导兼任其他机关职务期间形成的文件。

第七，一般人民来信。

第八，法律规定的不得归档的文件材料。

总之，确定归档范围的一般原则是：归档文件必须具有一定的保存价值，必须符合各机关文件材料的实际状况。各机关单位应根据国家的统一规定和要求来确定本机关归档和不归档文件材料的范围。

2. 归档时间

归档时间是指文书部门或业务部门将需要归档的文件材料向档案室移交的时间。

《机关档案工作条例》规定：机关文书部门或业务部门一般应在文件办理完毕后的第二年上半年，即在次年 6 月底以前向档案部门移交档案。

《企业档案工作规范》规定：企业在经营管理工作、生产技术管理工作、行政管理工作、党群工作中形成的文件，一般应在办理完毕后的第二年第一季度归档。

某些具有一定专业性的文件可以另行规定合适的归档时间，如会记档案在会计年度终了后，可暂由会计机构保管一年，期满后应当由会计机构编制移交清册，移交本单位档案机构统一保管；学校档案应当在次学年 6 月底前归档；磁带、照片及底片、胶片、实物等特殊载体则应在工作结束后及时归档，或和相应内容的纸质载体同步归档等。在这些文件中，科技文件的归档比较特殊，它没有固定的归档时间，主要根据科技文件材料的不同类型和特点、不同的形成规律和利用需求来确定合适的归档时间。一般来说，有定期归档和实时归档两种。定期归档可分为按项目结束时间归档、按子项目结束时间归档、按工作阶段归档、按年度归档四种，实时归档适用于机密性强的科技文件材料和外来材料（如外购设备的随机图纸、文字说明，委托外单位设计的文件材料等）。

3.归档文件的质量要求

应该从下列几个方面检查归档文件的质量。

第一，归档的文件应齐全、完整，每份文件不缺张少页。

第二，遵循文件的形成规律，保持文件之间的有机联系，区分不同文件的价值，便于保管和利用。

第三，卷内文件经过系统整理和编目。

第四，案卷封面填写清楚，案卷标题准确，案卷排列合理，编号无误。

第五，编制了完整的案卷目录和相关的文件。

第六，对已破损的文件应予以修整，对字迹模糊或文件载体存在质量隐患的文件应予以复制。

第七，归档文件所使用的书写材料、装订材料等应符合档案保护要求。

第八，在进行文书档案文件组卷时，一般应将文件按年度分开，不同年度形成的文件一般不可放在一起组卷。但是，跨年度的请示与批复应放在批复年度立卷；没有批复的放在请示年立卷。

第九，录音带、录像带、影片、照片等特殊载体的文件，应同纸质文件进行统一整理、编目。但要分别存放，在案卷目录上要注明互见号，以保持文件间的历史联系，便于查找利用。

第十，绝密文件和绝密电报应该单独立卷（少量普通文电如与绝密文电有密切联系，也随同绝密文电一起立卷）。

第十一，对于具有不同保存价值的文件，应当分开组卷，以便日后向档案馆移交，防止拆卷重组问题的产生。

（二）平时文件的收集

平时文件收集是指档案室在执行归档制度之外对零散文件的收集。

1. "账外"文件的收集

"账外"文件是指未经单位文书部门登记入账，在收、发文登记簿上无"账"可查的文件。"账外"文件主要有：本单位召开的各种会议上的文件材料；本单位领导人和业务人员外出开会或在参观、学习、考察等活动中获取的文件材料；外单位直接寄发给领导人"亲启"的文件或直接发给部门和有关人员的文件材料；本单位内部各种规章制度、统计数字材料等。

2. 专业文件的收集

专业文件是指在各项专业活动中形成的文件和特殊载体的文件材料。档案室在重视对文书档案、科技档案进行收集的同时，还应重视对各种专业文件的收集；在重视对纸质文件进行收集的同时，还应健全归档制度，重视对音像等其他载体文件的收集，确保档案室保存的文件门类齐全。

3. 零散文件的收集

零散文件的形成原因主要有两个方面：一是某些单位由于归档制度未建立或归档制度执行不严格，致使文件材料分散保存在内部机构、领导人或业务人员手中，特别是未经收发室登记的文件和某些内部文件；二是由于机构调整、人员变动或发生搬迁、灾害等特殊情况，使归档文件不齐全、不完整。

二、档案馆的收集工作

档案馆作为党和国家的文化事业机构，是集中保管党和国家重要档案的基地，是社会各方面利用档案信息资源的中心。因此，它必须以拥有丰富、优质的馆藏档案和资料为基础。做好档案的接收与征集工作是档案馆一项非常重要的工作。

（一）档案馆档案接收的范围

按照《档案馆工作通则》和《各级国家档案馆收集档案范围的规定》的文件精神，档案馆接收档案的范围包括如下几方面：

第一，本级各机关、团体及其所属单位具有永久保存价值的档案，省辖市（州、盟）和县级档案馆同时接收长期保存的档案。

第二，属于本馆应接收的撤销机关、团体的档案。

第三，属于本馆应接收的中华人民共和国成立以前的各种档案。

目前一般只接收到二级单位，如果档案馆具备各方面条件，也可以接收到所属的基层单位。比如省、市档案馆，按规定应接收省（市）直属机关、团体、企业、事业单位的档案。如果接收到二级单位，就可以接收省直机关所属公司（如百货公司、五金交电公司、服务公司、食品公司等）的档案。如果接收到所有的隶属单位，就要接收各公司所属的工厂、商店的档案。

（二）档案馆档案收集的要求

为保证接收工作的顺利进行，档案馆在接收档案时一般应符合如下要求：

第一，档案整理编目规范。档案由有关单位收集齐全，并按规定进行系统整理。

第二，档案收集完整。进馆档案应按全宗整理，保持全宗的完整性。一个全宗范围内的文书档案、科技档案、音像档案和实物等各种门类和载体的档案应作为一个整体，统一移交给一个档案馆。

第三，档案检索工具齐全。档案馆在接收立档单位档案的同时，应将其编制的组织沿革、全宗介绍、案卷目录等有关检索工具以及与全宗相关的各种资料一并接收。

第四，限制利用意见明确。对自形成之日起满 30 年仍能对外开放的档案，各有关单位应在移交时提出明确的限制利用意见。政府信息公开部门对移交档案中涉及政府信息的，应书面告知其原有公开属性。

第五，清点核对手续完备。移交档案时，交接双方必须根据移交目录清点核对无误，并在交接文据上签字盖章，一式两份分别由双方单位保存。

（三）档案馆档案收集的任务

1. 对现行相关档案的收集

按照《档案馆工作通则》等文件的规定，现行机关档案中具有长远保管意义的部分，需要定期向档案馆移交。接收现行机关档案室移交的档案，是各级档案馆的日常任务。

在对现行机关档案的接收时间上，档案馆在接收现行机关保管期满的档案时，有逐年接收和分段接收两种办法。逐年接收，就是每年对现行机关保管期满的档案接收一次；分段接收，就是隔一定时期（如 3 年、5 年）对现行机关保管期满的档案接收一次。一般用后一种办法为宜。

现行机关形成的档案文件数量多、完整、系统，并且具有连续性。收集这些档案时需要满足以下几方面的要求：

第一，按规定向档案馆移交的档案，应该收集齐全（与档案有关的资料、立档单位的组织沿革、全宗指南及有关的目录、索引等检索工具，应随同档案一并接收），并将全宗作为一个整体归入档案馆，不得随意分散。

第二，进馆的档案必须真实。凡有疑点的档案，都要尽可能加以考证；如果一时难以辨别清楚，也要存疑，予以证明。

第三，在接收档案过程中，除了办理必要的交接手续以外，在档案进馆前应做好案卷的检查验收工作，具体可以按照自检、互检、检查小组检查接收的步骤进行。

第四，馆藏档案内容除具有普遍性特点以外，还必须能体现出本地区的特点，有独到的地方特色。各省（市、自治区）档案馆的馆藏内容，应具有区别于其他省（市、自治区）档案的鲜明地方色彩。要把具有地方特点的档案视为接收的重点，以防止档案内容大量重复。

第五，现行机关移交档案时，必须根据移交目录同接收档案的有关档案馆工作人员一起清点核对，并在交接文据上签字盖章，以便明确交接双方的责任，保证进馆档案的完整、齐全。

2. 对撤销机关档案的收集

撤销机关是指中华人民共和国成立前后，由于政权变更、体制改革、行政区划调整等原因而被撤销或合并的机关、团体、企业、事业单位及其他社会组织。档案馆按国家规定接收这类机关、团体、组织的档案，也是档案馆档案收集工作的重要任务。

撤销机关档案具有易分散、整理不系统、存在尚未办理完毕的文件等方面的特征。为此，档案馆在接收撤销机关的档案时，除了按接收现行机关档案的要求对所接收的档案进行检查外，还应注意以下问题：

第一，机关撤销或合并时，严禁将机关在历史活动中形成的文档予以分散、损毁、丢弃，而应将全部档案进行认真清理、鉴定并妥善保管，之后按照国家相关规定将这些档案移交相关档案馆进行管理。

第二，当某机关被撤销，其业务被划归到其他几个机关时，也不能将这个被撤销机关原本留存的档案文件予以分散，而应将其视作一个有机整体妥善保管，然后由相关单位通过协商的方式处理这些档案。当然也可以将其交给某个接管机关代管或移交相关档案馆。

第三，当某个机关并入另一个机关，或几个机关合并为一个新的机关时，应按机关将其档案分别组合成一个个有机整体，然后分别向有关档案馆移交，而不能将这些合并前的机关档案与合并后形成的档案混合在一起。而继承撤销机关职能的机关，因为工作需要，可以在征得有关档案管理机关同意后，暂时代管撤销机关的档案。在代管过程中一定要注意，不要将撤销机关的档案与本机关的档案混淆，以便日后能清楚明白地将撤销机关的档案移交有关档案馆。

第四，机关撤销或合并时，假如存在还没有办理完毕的档案文件，应将这些文件转交给继承原机关单位职能的有关机关进行后续档案的处理。

3. 对二、三级单位档案的收集

根据《各级档案馆收集档案范围的规定》的要求，各级人民政府直属工作部门所属的独立分管某一方面工作或从事某项事业的行政管理机关和企事业单位，以及有代表性的第二、第三级单位形成的档案应向各有关档案馆移交。档案馆在接受这些档案时需要注意以下几方面的问题：

（1）避免不分重点、普遍接收

对二、三级单位形成的档案，档案馆必须择其有代表性的、典型的单位档案予以接收，而不能一味追求数量，采取普遍接收的办法。这就需要档案馆在接收档案前先做好调查工作，将本级机关或组织的所有二、三级单位一一列举出来。在此基础上按一定条件进行筛选，最后确定入馆单位的名单。

（2）避免不加选择、盲目接收

某些档案馆为使馆藏数量增加，大量接收二、三级单位的档案，致使馆藏档案质量下降、数量"暴涨"。入馆的这种档案分类混乱、"玉石不分"、重复件增多（如统计报表、劳动及组织人事文件重复严重），给档案馆增加了人员、库房、设备等方面的压力，给档案管理（如标准化工作）带来了沉重的负担。

（四）档案馆档案收集的方式

一般而言，档案馆对档案的收集方式主要有两种：逐年接收和定期接收。逐年接收即每年接收一次档案，定期接收就是每隔一定时期（如 3 年、5 年）接收一次。

但是，档案馆对科技档案的收集方式有所不同，实行相关单位主送制和科技档案补送制。

1. 相关单位主送制

对于普通文书档案，应按要求将其中具有永久和长期保存价值的所有档案都移交进馆。科技档案则不采取这种普遍接收进馆的制度，而是实行相关单位主送制，即对不同种类及不同项目的科技档案，按照国家有关规定分别确定报送单位，主送单位的报送档案中的不足部分由其他有关单位补充移交。

2. 科技档案补送制

建立补送制的目的是及时反映进馆档案所涉及的科技、生产项目的发展、变化情况，保证馆藏科技档案的完整性和准确性。例如，对进馆档案所反映的基建项目进行重大改建、扩建及产品改型、换代等，在这些情况下，原移交单位要向档案馆补送相关的科技档案。

第三节　档案的整序

使档案实体系统化、有序化的整理工作也可称为档案的整序，它主要是通过分类来进行的。整序的过程就是对档案实体分分合合，将它们分层次组成全宗群、全宗、系列和案卷（或保管单位）并进行排列的过程。

一、区分全宗和全宗群

档案整理首先从区分全宗开始，这不仅是因为档案信息的有机关联性首先是在全宗这一层次上体现出来的，而且因为全宗是档案馆对档案进行日常科学管理的基本单位。衡量文件的价值以决定是否选择它们进入档案馆的工作，是以全宗为基础进行的；为档案编目，保管、交接档案，也都要按全宗进行。由此可见，全宗在馆藏建设和对档案实体施行控制的过程中有举足轻重的地位。

全宗是一个国家机构、社会组织或个人在社会活动中形成的具有有机联系的档案整体。一个全宗反映了一个单位或个人活动的全过程。同时，全宗也是档案馆（室）对档案进行科学管理的基本单位。

（一）确定全宗的构成方式

区分全宗实际上就是将产生于同一活动过程中的档案集中在一起，以便使它们与其他各类档案区别开来。科学地确定全宗的构成方式是区分全宗的前提，而全宗的构成方式是指全宗围绕什么样的核心（主体还是客体）形成。因此，确定全宗的构成方式实际上就是在判断全宗范围和界限的基础上，确定全宗是围绕什么中心形成的。

然而，任何人类活动都是主体、客体之间相互作用的复杂过程，站在不同的角度，按不同的标准观察分析，对活动过程和文件据以形成的核心就必然会有不同的理解，从而得出不同的结论。机关档案室档案之所以应构成主体全宗，就是因为站在现行机关的立场上，必然把由本机关进行的全部活动看作以本机关主体为中心进行的完整活动过程。但是如果站在更宏观的角度，即站在档案馆的立场上，从全社会的范围观察分析，对此又可能会有不同的认识。而且不同类型的档案馆的服务目标和担负的任务不同，所体现的社会需求和用户整体利益也不同。如果站在它们各自的立场上分析形成全宗的人类活动过程和全宗本身的构成方式，其结论必然不尽一致。

具体来看，立档单位不是固定不变的，社会的发展、事业的进步常常引起一些机关的增设、撤销或合并，这些发展变化常常给全宗的划分带来一些新的问题，需要在实践中认真对待。这就要求在具体划分时应该研究立档单位的各种变化情况，辨别哪些变化是根本性的，应当产生新的立档单位和全宗；明确哪些变化是非根本性的，不应成立新的立档单位和全宗。

1. 政权更迭及跨政权立档单位档案的区分全宗

不同政权中的立档单位虽然职能相近或相同，但因所属政权存在差异，名称会有一定的差别，因此绝不能将跨政权的具有相同职能的立档单位视为一个单位，它们的档案也不应构成同一个全宗。不同政权中的非政府性质的立档单位，如学校、宗教组织、社团、政党等，它们的档案可以构成一个全宗，但在具体的管理中应将它们按照所属政权的时间分为不同部分。不同政权中存在的具有较强政治色彩、对政权依附性较强的立档单位，如军事院校等，由于政权更迭中一般会对其进行重大的改造，因此其档案也应像政府性质的立档单位一样构成不同的全宗。至于个人全宗，不管其立档单位或个人是否跨政权存在，也不管他们的政治倾向、职业等是否会发生重大变化，其档案都应构成一个全宗。

2. 临时性机构档案的区分全宗

各种临时性机构形成的档案，一般不设立新全宗。这是因为临时性机构的业务往往属于某机关或若干机关业务范围之内，存在的时间不太长，所形成档案的数量不多。个别的临时性机构独立性较强、存在时间较长，其档案也可以考虑设立新的全宗。

3. 立档单位变化所导致的区分全宗

在立档单位的政治性质无根本性变化的情况下，主要应分析其基本职能是否有根本性变化。

（1）新建

新建立的机关、企业、事业单位，它们的档案可以构成一个全宗。例如，2017 年银川市成立了辖区综合执法（监督）局这个新的单位，负责本市综合执法工作。此后，银川市辖区综合执法（监督）局的档案便可以构成一个新的全宗。

（2）独立

某一个单位原属一个立档单位，但后来这个单位被分离出去，发挥原立档单位的部分职能。从它独立之后，它所形成的档案就可以构成一个新的全宗。例如，国家税务总局原本隶属于财政部，后来被分离出来，从它独立后，它所形成的档案就可以构成一个新的全宗。

（3）合并

由两个或两个以上的撤销单位构成一个新的单位，这个新的单位与其原单位虽然前后存在一定联系，但在职能上却有明显差异，它们所形成的档案也应构成一个新的全宗。例如，我国在进行机构调整时，将中央粮食部和全国供销合作总社撤销，将它们合并到中央商务部，这样原中央粮食部、全国供销合作总社与中央商业部的档案应分别构成一个全宗。

（4）分开

如果一个机关、单位被分割为两个或两个以上的单位，原来的机关、单位在分割之前应构成一个全宗，分割后形成的新机关、新单位分别构成不同的全宗。例如，原北京市电子仪表工业局在我国进行机构调整时被撤销，分别成立电子工业总公司、仪表工业总公司、光学工业总公司，这些新成立的单位所形成的档案应分别构成新的全宗。

（5）合署

当两个单位合署办公，但其文件又是分开处理时，它们所形成的档案应分别构成全宗。例如，某市的纪委和监察局合署办公，但它们的文件又是分别处理的，因此它们所形成的文件也应构成不同的全宗。

（6）从属

当某一个立档单位由于工作需要，后来变为某一个机关内部的组织机构时，改变之前形成的档案为一个全宗，改变后形成的档案为另一个全宗的一部分。例如，国家高等教育部（高教部）原为一个立档单位，后来变为教育部的内部机构——高教司。改变前形成的档案为高教部全宗，改变后形成的档案为教育部全宗的一部分。

4. 组织全宗与个人全宗档案的区分

个人全宗与组织全宗中的档案在有些情况下会出现交叉现象。也就是说，某些档案既有一定的个人属性，又体现出组织属性，如某个单位领导以个人名义发布的文件。对于这种情况，一般采用以下处置方式：凡是以组织的名义制发的文件都应归入组织全宗，如果有必要，个人全宗可以保留副本；组织全宗中不保存个人性质的文件，如个人自传、对个人情况的调查文件等；决不允许将具有组织与个人双重性质的档案文件抽出并归入个人全宗中。

（二）全宗群及其划分

联系密切的若干全宗的群体称为全宗群。在我国，全宗的组织常常通过组建全宗群来体现和维系全宗之间的联系。各个立档单位的工作活动不是孤立的，而是互有联系的，因此，一定的全宗之间也就有了必然的历史联系。这种具有时间、地区、性质等共同特征的有密切联系的若干全宗的组合体，称为"全宗群"。具体来说，全宗群是指同一时期或地区，在纵向或横向方面具有相同性质的立档单位形成的若干个全宗构成的一个有机群体。组织全宗群的目的，在于维护同一类型或专业系统的若干个全宗的不可分散性和维持文件材料在更大范围内的历史联系，便于管理和开发利用。

为了便于保管和利用，应该把互有联系的全宗组织到一起，维护同一类型全宗的不可分散性。全宗群首先按照档案形成的不同时期分为几大部分，如新中国成立前的档案（革命历史档案、旧政权档案）和新中国成立后现行机关的档案。然后每一部分再按立档单位的类型和特点，对全宗进行细分。比如，按照立档单位的性质，把档案分成工业交通系统，农林水利系统，财政、金融、商业贸易系统，科学文化、教育、卫生系统等；或者按区域分类，分别组成全宗群。全宗群分类一般应和档案的分库保管一致，几个性质相近的全宗群应当集中保存在相同的档案库房内。全宗群不是具体对档案进行整理和统计的一个固定的实体单位，而是在档案管理中起指导和组织作用的一种形式和方法。

（三）全宗的编号

各个档案馆都保存有一定数量的全宗，为了便于各项工作的开展，除了要对全宗进行一定的组织外，还应给每个全宗编一个代号，称为全宗号。

全宗号是档号的组成部分，在档案数量、全宗数量增加以及检索工作不断发展的情况下，全宗号对于档案系统化整理、编目、检索有十分重要的作用。

1. 全宗编号规则

第一，对全宗进行编号时要考虑馆藏全宗的特点及管理的方便与否，根据全宗的类型和数量合理编号。

第二，应为新全宗的编号留有余地，避免因新入馆的全宗而打乱整个编号体系。

第三，全宗号应力求简洁、方便实用，不能过于烦琐。

第四，全宗与全宗号之间一一对应，一个全宗只能有唯一的一个号码，便于统计和检索。全宗号数应能如实反映馆藏全宗数量和档案出处。

第五，已编好的全宗号不得任意更改，应保持其稳定。即使某一全宗的全部档案都已被移出，该全宗号亦不得挪作他用，以免发生混乱。

2. 全宗编号方法

对全宗进行编号的方法有很多且各不相同，归纳起来主要有序时流水编号法和体系分类编号法两类。序时流水编号法是按全宗进馆时间的先后顺序编号。这种编号方法简单实用、比较客观，适合全宗数量不大、全宗类型较单一的档案馆采用。体系分类编号法是对全宗先进行一定的分类或分组后再编号。这种编号方法逻辑性、系统性强，层次分明，能反映全宗本身的性质和特点，但编制较复杂，其号码不易分辨和记忆。这种编号方法适合馆藏全宗数量大，全宗的时间、地域跨度大，类型复杂的档案馆采用。这两种全宗编号方法各有优缺点，在具体考虑采用哪种方法来编号时，档案馆应依馆藏全宗的状况而定。

全宗的编号与全宗在库房内的实际排列顺序有时一致，有时不一致。在一些规模较大、馆藏数量较多的档案馆，不一致的情况居多。全宗的排列可按全宗号顺序排列，也可按立档单位的历史时期、性质、所属系统、地区以及立档单位名称的音序或笔画的先后顺序排列。在我国，通常按全宗群来排列，即把同一时期、同一系统或相同性质的全宗排列在一起，以保持同类全宗之间的联系。一般来说，全宗的排列方法和次序对全宗的编号无决定性影响。当全宗在库房中的排列根据保管需要有所变动时，并不需要改变全宗号。但全宗号作为查找档案出处的一种手段，若与全宗的实际排列顺序相一致，则有利于迅速找到所需档案。

二、全宗内档案的分类

（一）全宗内档案系列的划分

划分系列在全部档案整理程序中是承上启下的环节，它不仅深化了从区分全宗开始的整序过程，而且为立卷及案卷排列等工作奠定了基础。分类必然是一个由总而细、从一般到个别的逻辑过程，如果不先分系列（或者说如果不事先拟订出全宗内的分类方案和分类规则并使文件据以自然地归类），反而先自下而上盲目地将文件组合堆砌成卷，势必造成各卷文件之间的交叉、重叠、混乱，以至于无法检索利用并使编目和统计工作难以进行。

划分系列包括选择分类方法、制定分类方案和分类文件等具体内容，它是在区分全宗的基础上进行的。两者的区别在于：区分全宗是站在宏观角度，以整个档案馆已经和将要收藏进馆的档案为受控客体，其目标是保证档案反映同一活动过程的完整性；划分系列则是站在微观角度，以某一全宗内的全部档案为受控客体，其目标是改善全宗内文件数量多、内容杂又巨细不分、仍不便于检索的现状，使之分别归入相互联系、相互制约、层次分明、结构严谨的系列中去，从而有可能系统地提供利用。

（二）全宗内档案的分类

1. 全宗内档案的分类原则

全宗内档案分类的总原则是要科学、客观、符合逻辑，能反映档案的形成特点和规律。具体分类原则如下：

第一，根据全宗的性质和特点选择适当的分类标准。能够恰如其分地揭示档案间的内在联系，使整个分类系统具有客观性，能组成一个有机的整体，系统反映出立档单位的活动面貌。

第二，类目名称应含义明确，具有系统性，有合理的排列顺序。必要时，对类目所指范围和归类方法应有说明，以保证分类的一致性。

第三，分类层次简明，类目不宜过细、过多。一般来说，类目可划分到二级至三级，使之能包容一定数量的案卷。另外，划分类别时应留有伸缩余地，以便随实际需要增加或减少类别。

第四，分类体系的构成应具有逻辑性，遵守逻辑划分规则。一次分类只能使用一个分类标准，子类外延之和正好等于母类外延，子类之间必须界限清晰，不能互相交叉，类目概念应明确。

2. 全宗内档案的分类标准

全宗内档案的分类标准主要有按文件产生的时间、来源、内容等标准分类，每一标准下又有不同的分类方法。

（1）按文件产生的时间分类

按文件产生的时间对全宗内档案进行分类，可按年度分类形成不同年份的档案，也可按立档单位在发展过程中的不同时期（或不同阶段）形成不同档案。

（2）按文件的来源分类

按文件的来源对全宗内档案进行分类，可按立档单位的内部组织机构形成不同机构的档案，也可按文件的不同作者形成不同类别的档案，还可按与立档单位有较稳定的往来通信关系形成不同档案。

（3）按文件的内容分类

按文件的内容对全宗内档案进行分类，可按文件内容所说明的问题（事由）分类，也可按文件内容所涉及的实物分类，还可按文件内容所涉及的地理区域分类。

3. 全宗内档案分类方案的编制

全宗内档案分类的表现形式是分类方案，它是用文字或图表形式表示一个全宗内档案分类体系的一种文件。当选用了某种联合分类法以后，就应该编制一份分类方案（又称为分类大纲）。分类方案的编制应该注意以下几点要求：

（1）排斥性

分类方案中同级的各类地位相同，内容互相排斥（不能你中有我、我中有你），类的范围必须明确。比如，按问题分类，所设问题各类地位相同，不能相互包括。如果第一类中设教育类，同位类就不能再设高等教育、中等教育类，因为教育类包括高等教育、中等教育等，只能把它们设为属类；同级中设有人事类，就不能再设干部任免类；同样的道理，既然设财务类，也就不能再设经费类。

（2）统一性

在编制分类方案时，首先要确定采用何种分类方法，第一级采用哪种方法，第二级采用哪种方法，都应明确规定、标示清楚。而在同一级分类中，不能同时采用两种以上分类标准。比如，第一级分类若采用年度分类标准，就不能并列组织机构或问题名称。如果采取两种分类法的联合，那么不仅分类的第一级是统一的，第二级也应该是统一的。比如采用年度－组织机构分类法，第一级分类是年度，第二级分类是组织机构。

（3）伸缩性

档案是社会实践活动的产物，而社会实践活动是丰富多彩的。工作内容时而增加、时而减少，组织机构时而撤销、时而合并，因此，分类方案中的各类均应留有伸缩的余地来增加或减少类别，以适应客观变化的需要。

为了使分类方案科学、实用，在编制分类方案前还应该做好调查研究工作，要查阅有关材料，了解立档单位的业务范围。对立档单位的组织章程、办事细则、工作计划与总结都要认真分析研究，从中了解和掌握立档单位的工作性质、职权范围等，以便采取合适的分类方法；参考本单位原有档案，如果本机关已有旧卷，应该对原有档案分类基础做详细研究并吸取其合理部分，以补充与修订现有档案的分类方案；还应多方征求意见，经机关负责人批准施行。要形成科学而实用的分类方案，必须及时征求文书与业务承办人员的意见，集思广益，防止闭门造车。因为他们对文件的内容比较熟悉，尤其是经办人员对事件、问题的处理过程有更彻底的了解。分类方案实施以后，往往会发生文件与分类方案不尽相符的情况，造成分类困难。这时应该随时交换意见，对分类项目进行增减，清除障碍，交领导人审核批准。

三、立卷和案卷排列

（一）立卷

全宗内档案分类并不以划分系列为其终结点。一个系列内大量的文件决定了必须进一步对其进行分类，这样才能便捷地检索、利用某一份文件。这种分类往往是通过立卷实现的。

档案不同于图书，单份文件是零散的、大量的，一般不宜作为独立的保管单位。而且文件之间常有密切的联系，若将有联系的文件随意分开，将会失去其原有价值。所以人们在整理档案时，将若干互有联系的文件组合成一个有机整体，称"案卷"，将文件编立成案卷的过程称"立卷"或"组卷"。

案卷是密切联系的若干文件的组合体，它是档案的基本保管单位，通常也是统计档案数量和进行检索的基本单位之一。同时，案卷是组成全宗的基本单位。立卷是档案整理工作的重要基础，立卷工作的好坏、案卷质量如何，是衡量档案整理工作水平的重要标志。

立卷工作的内容包括组成案卷单位、拟写案卷标题、卷内文件的排列与编号、填写卷内文件目录与备考表、案卷封面的编目与案卷的装订等工作。目前，我国文书档案的基本立卷方法是"六个特征立卷法"，即根据文件在问题、作者、时间、名称、地区和通讯者特征六个方面的共同点将文件组合成案卷的方法。比如，把同一个作者的文件组成一卷、把同一个会议的文件组成一卷等。按照文件的六个特征立卷时，一般不单一地按照某个特征组成案卷，而是综合分析文件之间的关系，选择其中最能说明客观情况的几个特征作为组卷的依据。

此外，在实际工作中还有一些其他的立卷方法，如将文件按照"事"或"件"组卷的"立小卷法"以及"四分四注意立卷法"等。它们都具有各自的特点，也是比较实用的立卷方法。

（二）编制卷内文件目录

卷内文件目录是固定立卷成果、揭示卷内文件内容、检索卷内文件的工具，应放在卷文件之首。从性质上分析，编制卷内目录属智能控制范畴。如果用计算机编目，应该先对每份卷内文件进行著录，然后将著录结果按档号排序，以卷为单位打印成书本式目录，即成卷内目录。在手工条件下，这道工序可暂时按传统习惯，包括在立卷过程中，即在案卷编好页码后，于专门印制的表格上按照排就的顺序对每份文件逐项著录。其著录项目，按目前的习惯做法是：文件责任者，文件题名（或内容摘要）、文件字号、文件日期、文件份数、文件在卷内的页码、备注等。

（三）案卷排列与编号

全宗内档案（或档案馆、档案室接收的案卷），经分类、立卷后还必须进行系统的排列。全宗内各类的序列已在分类方案中排定，所以通常所说的案卷排列，就是根据一定的方法确定每类内案卷的前后次序和排放的位置，保持案卷与案卷之间的联系。案卷排列方法有以下几种：

第一，按照案卷所反映的工作上的联系来排列。

第二，按照案卷内容所反映的问题来排列。

第三，按照案卷的起止日期（时间）来排列。

第四，按照案卷的重要程度来排列。

第五，按照文件的作者、收发文机关以及文件内容所涉及的地区排列。

第六，人事档案或监察、信访等按人头立成的案卷，可以按姓氏笔画、汉语拼音字母顺序或四角号码等方法排列。

上述几种排列方法可以单独使用，也可结合使用。对不同类型、不同保管期限的档案，在案卷排列中应予以区分。

案卷排列完后应按排列次序编上案卷号，固定案卷的排放位置。案卷号作为档号的组成部分可提供案卷的出处。现行单位大多采取将一个组织机构的案卷每年编一个顺序号的办法，或是将整个单位一个年度的全部案卷编一个顺序号。历史档案、撤销单位的档案不再形成新的档案，可把一个全宗内所有的案卷统一编号。

四、编制档号

档号是档案馆（室）在整理和管理档案过程中，以字符形式赋予档案的代码。档号通常包括全宗号、案卷目录号、案卷号、件号、页号，主要是表示类别及其相互关系的一组符号，在档案的整理、统计、检索、提供利用以及库房日常管理等业务活动中都要运用和借助档号。

具体来看，全宗号一般用四个符号标示，其中第一个符号用汉语拼音字母标示全宗档案门类，另三位代码用阿拉伯数字标示某一门类全宗顺序号。全宗号一经编定，就不要轻易变动。档案馆内的全宗号应该是固定不变的，即使某一个全宗全部移交出去了，该全宗号在档案馆内仍然保留着。全宗号有三种编法：一是按系统编号，如党群、政法、工交、农林、财贸、文教、科技等；二是按立档单位的重要程度编号；三是按进馆档案的先后顺序编号。实践证明，前两种方法对同时进馆的全宗是比较适用的，但是如果有新的全宗进馆，顺序就会被打乱。第三种方法简便易行，比较实用。

案卷目录号一般采用流水顺序编号法，必要时可在顺序号前加上表示档案保管期限、载体形态等特征的代字。

案卷号是整理档案时最常用的基本代号，是著录案卷目录内每一案卷的流水编号，因此确定案卷号时要确定卷内每个案卷的前后次序和排列位置。

件号或页号是文件立卷以后进行卷内文件的排列时，给每份文件以固定的位置，用数字固定文件前后次序的代号。案卷不装订成册时应编制件号，其间不许有空号。

第三章　档案保管

第一节　档案保管工作

随着信息社会的到来，作为各种社会实践活动历史记录的档案发挥着越来越大的作用。然而，随着时间的推移，在内外部各种因素的影响和作用下，档案不可避免地面临种种被损坏的威胁，如何确保档案完好地"客观存在"成为我们在谈档案的开发与利用之前首先要解决的问题。因此，档案保管便成为档案工作的重要环节。档案保管是指在了解和掌握档案损坏规律的基础上，以一定的物质条件为保障，以日常性工作和专门的技术措施为手段对档案进行保护和管理，以维护档案的完整与安全。科学有效的保管工作将为整个档案工作的开展提供最基本的物质保障；反之，如果保管工作不到位，档案一旦遭受损害，档案工作就失去了最根本的物质前提，档案的价值和作用将无从谈起，整个国家和社会都将为此付出沉重的代价。

一、档案完整与安全的威胁因素

随着时间的推移和受各种因素的影响，档案不可避免地面临种种被损坏的威胁。从产生的根源来看，损害和破坏档案的因素主要包括外部因素和内部因素。

外部因素又可分成人为因素和自然因素，其中，人为因素表现为：第一，由于政治斗争等原因，人们为了维护自身或者本组织、本阶级的利益，会有意识、有计划地破坏、损毁档案，以使其作用无法发挥；第二，因管理和使用不善而产生的本可以避免的对档案的损害，比如档案工作者麻痹大意、不遵守规章制度或档案保护意识不强等，使档案实体受到损坏、档案内容被泄露。自然因素表现为：一是在档案的存放和提供利用过程中，因时间的推移、外部环境的变化，档案难以避免地发生被损坏的现象，如不适宜的温湿度、光线、灰尘、虫、鼠等；二是一些不可抗力的突发自然事件往往对档案损害较大，比如洪水、地震等自然灾害对档案的损毁。

内部因素主要是指档案自身，包括档案的制成材料，如纸张、胶片、磁带、磁盘等载体材料，也包括墨水、油墨等书写、印刷材料，这些材料自身的寿命直接影响了档案的寿命。现代社会电子文件大量产生，电子文件自身的特性决定了对其的保管更具复杂性，也更加重要。对电子文件的妥善保管是确保电子文件真实、完整、可读的基础。

在档案保管工作中，上述因素有些是可控的，有些是难以控制的。对于可控的因素，应该尽可能地杜绝和减少；对于不可控的因素，应事先制订应急预案，防患于未然，将损失降至最低。

二、档案保管工作的任务和内容

在现代社会中，档案的价值和作用是其他信息资源不可替代的，而档案的形成和存在又是一个不可逆的过程。可见，档案长久保存和利用的需求，与维护档案的完整和安全所面临的一系列矛盾，决定了档案保管工作的任务和内容。

（一）档案保管工作的任务

档案保管工作的根本任务是建立确保档案安全保密的档案安全体系，维护档案的完整与安全，主要体现在以下几方面：

1. 最大限度地防止和减少档案的损毁

针对档案自身的特性和可能导致档案损坏的种种因素，我们应该通过整体日常维护和有针对性地采取专门档案保护措施等手段，为档案的保存和提供利用创造良好的环境，形成合理的工作制度，消除或减少各种因素对档案保管的不利影响。

2. 延长档案的寿命

由于档案的价值和作用不同，档案的保管期限不同，有些需要定期保管，比如10年、30年，有些需要永久保存。不同载体的档案有一定的寿命，纸张、缩微胶片、光盘磁盘、电子文件等档案载体寿命的有限性决定了档案寿命的有限性。为了满足"无限"的档案利用需求，需要尽可能地根据不同载体的特点延长档案的寿命。在馆（室）藏档案中，对于保存状态尚好的档案，不可大意疏忽，要定期检查；对于已经不同程度被损坏的档案，应该采取相应的措施，及时进行修复。

3. 确保档案的安全

在档案保管工作中，确保档案的安全包括档案实体的安全和档案内容的安全。实体安全是指档案实体完好地存放在指定的位置；内容安全是指档案的内容没有被泄露。档案实体安全是档案内容安全的基础，没有实体安全，内容安全就无从谈起。但是，档案实体安全并不意味着档案内容一定安全，比如通过复制等方式亦可泄露档案信息。尤其是在电子文件环境下，档案内容安全面临着更大的威胁。在确保档案安全的过程中，上述两个方面缺一不可。

（二）档案保管工作的内容

基于档案保管工作的任务，档案保管工作的内容涉及以下几个方面：

1. 正确认识和全面把握档案的安全现状和破坏档案的各种因素

档案的安全现状和破坏档案的各种因素直接影响着档案保管工作的内容。首先，正确认识档案的安全现状包括了解馆（室）藏档案进馆（室）前后的保管措施、保管过程、有无损坏、损坏程度如何等，以便于确定今后的工作目标和工作内容；其次，破坏档案的因素多种多样且表现形式不一，对档案的损坏过程和损坏程度不同，只有全面把握威胁档案安全的各种因素的特点、表现形式，工作时才能有的放矢，有针对性地将各种因素对档案的破坏降至最低。可见，正确认识和全面把握档案的安全现状和破坏档案的各种因素，是对工作对象和工作先天影响因素的深入剖析，回答了"管什么""为什么管"的问题，是档案保管工作有效开展的前提。

2. 制定和完善档案保管的各项制度和标准

制度是要求大家共同遵守的办事规程或行动准则。制定关于档案保管工作的制度，有利于档案工作者和档案利用者规范自己的行为，明确在档案保管和利用过程中应该做什么、如何做，从多方面规范了档案馆的建设。制定档案保管工作标准有利于实现工作的规范化，有助于降低工作成本，减少工作中因人员变动产生的对档案保管的变化，有利于为档案保管创造最佳条件和环境。在档案保管工作中，从国家层面到地方各级各类档案馆（室），应形成完整的档案保管工作制度和标准体系，以实现档案保管工作的标准化和规范化，维护档案的完整与安全。

3. 提供档案保管的基本物质条件

档案的安全、妥善保管离不开基本的物质条件，基础物质条件的好坏直接影响着档案的寿命。良好的物质条件有利于档案的长久保存；反之，恶劣的物质条件直接危害着档案的安全。不同载体的档案，如纸质档案、胶片档案、磁性载体档案、光盘档案、电子文件等的材料和形成原理不同，影响其耐久性的因素也不同。因此，在保管过程中，档案库房、装具、设备等基本保管条件也存在较大的差异。尤其对于电子文件，如何在保管中确保其长期可读、可用，已成为档案保管工作的新内容。

4. 日常的档案保管工作

档案保管是一项持续性的日常工作，且需要以认真的态度来对待。在做好上述工作的同时，还有大量的工作需要我们 365 天、24 小时不间断地开展。从工作内容来看，日常档案保管工作包括防盗、防水、防火、防潮、防尘、防鼠、防虫、防高温、防强光、防泄密，我们称之为"十防"；从工作地点来看，日常档案保管工作的内容包括档案库房中的保管和档案库房外的保管，在库房外的保管又可分为在流通传递中的保管和在利用中的保管。在库房中的保管工作主要由档案工作人员来完成，而在库房外的保管工作则需要档案工作人员和档案利用者共同来完成。因此，使利用者同样以爱惜的态度科学、合理地利用档案也是日常档案保管工作的重要内容。日常档案保管工作繁杂琐碎，但又是档案保管的基础性工作，因此，需要档案工作人员精益求精，细心、耐心地来完成。

5. 开展有针对性的档案保护工作

采用专门的技术和方法对受损程度较大、有重要价值或其他急需修复的档案进行保护，延长档案的寿命，是档案保管工作的一项重要内容。

对档案产生破坏的种种因素，虽然有些因素是我们难以控制的，但我们可以采取相应的保护措施，利用先进的技术将损失降到最低。比如，通过纸质档案修裱技术帮助存在一定程度破损的档案恢复原貌，已成为抢救档案的一项不可缺少且具有中国特色的专门技术。这些专门的保护措施专业性较强、技术性较强且细微细致，需要专门的人才，需要大量的财力、物力的保障，它在延长档案寿命、保护人类文化历史遗产等方面发挥着重要的作用。因此，每个档案馆（室）在做好日常保管工作的同时，应根据馆藏状况，将有针对性地开展档案保护工作纳入档案保管工作的整体规划中。

三、档案保管工作的要求

档案保管工作的要求是完成工作任务的指导和保障。在具体工作中，我们将档案保管工作的要求概括为"三结合一区分"，具体表现在以下几个方面：

（一）防、治结合，以防为主

档案是人类文化遗产的重要组成部分，保护好档案是延续人类文明、造福子孙后代的重要工作。防和治是档案保管工作中最直接的两个具体要求。"防患于未然"，使档案不受或者少受损害，可以降低保管工作的总体成本，确保档案保管工作的有效性。这是档案馆（室）的首要责任。建立和完善科学合理的工作制度，创造良好的环境，从档案的形成源头加以规范，加强日常保管工作等都是防止档案遭受破坏的具体措施。"防"是确保档案安全最基本、最主要的工作要求。"治"是恢复档案原貌、延长档案寿命的有效措施，但也是一种"不得已而为之"的办法。它针对的多是已经受到破坏的档案，是一种弥补性的措施。但是，很多档案一旦遭受破坏，便是不可"治"的，比如大量无法读取的电子文件很难通过有效的措施来还原。因此，在档案保管工作中，防、治要相结合，且应以防为主。

（二）针对重点与兼顾全面相结合

数量巨大的馆（室）藏档案，与有限的人力、财力、物力资源形成了档案保管工作中的主要矛盾。要实现资源的合理配置和有效利用，必须针对重点与兼顾全面相结合。在保管工作中，在明确总体工作目标、认清工作任务的基础上，确定工作的优先级，确定不同时期的不同工作重点和所要解决的问题，要顾全工作的整体进展，而又有针对性地解决重点问题。只有在兼顾全面的基础上针对重点，保管工作才更具生命力；也只有在针对重点的基础上兼顾全面，保管工作才能更加有效。

（三）管理与技术相结合

档案保管工作要有效开展，管理和技术缺一不可，二者从不同层面上维护着档案的安全与完整。管理和技术在应对威胁档案安全的不同风险因素中各自发挥着不可替代的作用。比如，由于人为因素对档案造成破坏的，需要靠管理制度来约束，单纯的技术是难以发挥作用的；而对于由不可控的自然因素对档案带来的破坏，必须利用先进的技术来应对。因此，片面强调管理或者片面强调技术都是不科学的。同时，无论是管理还是技术，都不是一成不变的。管理的理念、方式需要不断科学化、合理化，技术手段需要不断现代化，以确保管理和技术成为档案保管工作科学发展的双翼。

（四）对不同的档案区分保管

在档案保管工作中，不能采取"一刀切"的模式来管理全部档案。为了实现对档案的合理保管，对具有不同价值的档案应区别对待。在保管工作中，所谓不同的档案，主要是从档案的保存价值、保管期限以及载体等方面加以区分的。区分保管不同价值、不同保管期限的档案，有助于保证档案保管工作稳定、有序地开展。尤其是随着科学技术的飞速发展，不同载体的档案大量产生，由于不同载体记录信息的结构、原理不同，其保管要求也各不相同。因此，对不同载体的档案也应区分保管。

第二节　档案保管条件

档案保管的条件，主要是指实现档案安全妥善保管的必备保障，包括人、财、物等方面的基本条件。从人的角度来看，档案工作者是完成档案保管工作的主体，是档案保管工作的人力保障。在保管工作中，档案工作者在具备必需的专业技能和知识的前提下，高度的责任心和耐心、细心的工作态度也是尤为重要的。从财力角度来看，财力支持是一项工作顺利开展的重要条件，档案保管工作也不例外。档案馆（室）应充分、合理地利用国家和社会给予档案保管工作的财力支持，既要保证档案保管工作顺利开展，又不能不计成本。从物质的角度来看，物质条件是档案保管工作中的又一个重要条件，直接影响着档案的安全状况和寿命。在本节中，笔者主要以档案保管的基本物质条件为线索进行介绍。

一、档案库房建筑

档案库房建筑是档案馆中专为存放档案所建的房舍，是档案馆的重要组成部分，主要由纸质档案库、音像档案库、光盘库、缩微拷贝库、母片库、珍藏库、实物档案库、图书资料库、其他特殊载体档案库和过渡间组成。档案库房的状况决定了档案生存的基本条件，在档案库房建设中应坚持以下原则：

（一）档案库房建设应以实现档案的安全保管为首要原则

1.为档案提供安全存放的足够空间，是档案库房的最基本的功能

《档案馆建筑设计规范》和《档案馆建设标准》为档案库房建设提供了相关的依据和标准。除中央档案馆外，我国综合性档案馆分为省、市、县三级，每一级又分为一类、二类、三类，不同级别、不同类别的档案馆的库房建设标

准不同。在档案库房建设中，应根据相关标准和本馆馆藏情况确定档案库房的建筑面积，确保档案有足够的存放空间。这是实现档案安全管理的第一步。

2.档案库房的内外环境要有利于档案的保管

从外部环境来看，档案馆的选址在一定程度上决定了档案库房的外部环境。因此，档案馆应选择工程地质条件和水文地质条件较好、空气清新的地区，远离易燃易爆场所，不设在污染、腐蚀性气体源的下风向。在档案馆内，档案库房与其他各类用房之间应有间隔，档案库房应集中布置、自成一区，库区内不应设置其他用房，各部门间的档案传送路线应安全、顺畅。从内部环境来看，档案库房的墙体、屋顶、地面等的构造和材料都应有利于档案的安全保管，尽量减少水、暖、电等基础设施给档案保管带来的隐患；在建设过程中加强防盗、防水、防火、防潮、防尘、防鼠、防虫、防高温、防强光、防泄密的"十防"措施，为档案保管创造良好的内部环境

（二）档案库房建设应以经济适用、环保美观为原则

在档案库房建设中应坚持经济适用、环保美观的原则。经济适用是指在档案库房建设中减少人为浪费，不盲从高标准，根据馆藏和本地区的实际情况科学合理地开展档案库房建设。在人类的生存环境不断遭受越来越严重的破坏的时候，保护环境成为我们每个人、每个组织不可推卸的责任。档案库房在建设和使用过程中都应减少对环境的破坏，比如使用环保材料、以环保的方式进行库房建设。美观是对档案库房的一种外在要求。在确保档案库房基本功能得以发挥的基础上，在经济适用且环保的前提下，美观的档案库房设计有利于为档案保管者和档案利用者创造一种舒适、和谐的氛围，有助于工作效率的提高。

综上所述，档案库房建设不是形象工程、面子工程，各地、各馆都应从实际情况出发，综合考虑档案库房的功能、建设需求、经济实力等基本因素，按照已有的规范标准形成合理的建设方案。

二、档案保管的设备

在档案库房中，设备是档案保管的必要工具，是档案安全保管必不可少的保障条件。档案保管的设备主要指具有固定资产性质的机械、器具、仪器、仪表等技术设施，包括温湿度调节和检测设备、防火防盗等安全装置、照明设备、档案保护和修复设备等。在工作中，应全面认识并正确使用各种设备。

（一）温湿度调节和检测设备

环境的温湿度直接影响着档案的寿命，环境的温湿度随着地域、气候、季节的不同而不同，而每一种档案的最佳保管条件对温湿度都有固定的要求。因此，需要温湿度调节设备来保证档案库房达到适宜的温湿度，并通过温湿度检测设备进行检测。常见的温湿度调节和检测设备有空调装置、增湿机、去湿机、温度计、湿度计等。

（二）防火防盗等安全装置

火是威胁档案安全保管的重要因素之一。防火和灭火的装置主要是消防设备，由于所使用的灭火剂不同，灭火装置的自动化程度不同。消防设备可以分为不同的种类，档案库房应根据馆藏档案的特点选择合适的消防设备。防盗装置是为了防止库房有人非法闯入盗窃档案而安装的设备，比如闭路电视监控系统。为了避免档案失窃，档案保管部门应根据不同的需要找专业厂商进行设计并安装防盗装置。

（三）照明设备

档案库房的照明要求与其他场所的照明要求不同。为了减少对档案的破坏，档案库房的照明亮度无须太高，且光线不应对档案造成伤害或伤害很小，比如采用白炽灯或灯管表面经过防紫外线处理的日光灯。人进灯开、人走灯关的自动控制开关既节能又安全，也有助于档案的安全保管。

（四）档案保护和修复设备

此类设备主要有两类：一类是为了保护档案原件而将其迁移到其他载体过程中所需的设备，比如缩微拍照设备、缩微品阅读复制设备、高速扫描仪等；另一类是对破损档案进行修复的必需设备，比如字迹显示仪、档案修裱机、多功能冷冻干燥灭菌机等。

随着科学技术的飞速发展，档案保管设备的种类更加丰富多样，更加现代化和专业化，为档案的安全保管提供了越来越有力的保障。同时，对设备的设计和使用也更加先进和合理。比如，档案库房将各种设备和系统，通过集成化、智能化的设计和管理，形成档案库房计算机安全监管系统，对库房的温湿度进行自动调节，对火警、盗警进行自动监视，有效地保证了档案库房的安全。

三、档案装具

档案装具是指用于存放档案的各种档案架、档案柜（箱）、档案盒，以及包装档案的卷皮、卷夹等。档案装具可以直接防止光线、灰尘、有害气体对档案造成危害，减少存取过程中对档案的磨损，是档案保管工作的基本设备。

不同的社会实践活动中产生的档案的种类、形式多种多样，不仅载体不同，形状、大小等规格也各不相同。因此，档案装具的种类、规格、制成材料等也具有多样性，以满足不同档案的保管要求。档案柜是比较传统的档案装具，常见的有双开门档案柜、侧拉门档案柜、抽屉式档案柜等。档案架大大提高了单位面积内档案的存贮量，是档案保管中必不可少的装具。尤其是现代档案保管中常见的密集架，通过轨道将多个架列组合在一起，既高效地利用了空间，又能有效地防火、防盗、防尘。档案架按自动化程度可分为手动式、半自动式、自动式，按密集架的开合方式可分为旋转式、抽拉式、平行移动式等，档案部门可根据需求进行选择。卷式缩微品装具（如片盘、片盒、片夹等）、片式缩微品装具（如封套、平片盒等），照片与底片盒、册，影片夹，声像档案装具（防磁柜等），计算机磁盘装具（磁盘柜等），包装纸质档案的卷皮、卷盒等，都是现代档案管理中常见的档案装具。随着科学技术的不断进步，档案装具从设计到制成材料都将不断优化，使档案的保管更加高效、便捷。

此外，在档案保管中还有很多易耗低值的物品，比如防霉防虫药物、吸湿剂、管理性办公用品等，也为档案的安全保管提供了必要的物质支持。

第三节　档案库房管理

档案库房是档案保管的重要场所。档案库房管理是指档案工作者为了实现对档案安全保管的最终目标，采取各种手段和措施对库房中的各种要素进行控制和协调。档案库房管理的内容主要包括档案库房的编号和排架，全宗的排列和档案上架，档案存放位置索引、档案代理卡和全宗卷的编制，库房的环境管理等。

一、档案库房的编号和排架

（一）档案库房的编号

档案库房较多为档案馆或档案室，需要对档案库房进行编号。编号的目的在于赋予每一个档案库房一个固定的编码，建筑物和号码——对应，便于管理。档案库房的编号一般由数字、代码、字符等构成。每个档案馆（室）的建筑不同，其档案库房编号应结合本单位建筑物的构成特点，以唯一性、稳定性、易识别、易使用为原则对本单位的档案库房进行编号。档案库房的编号一般由建筑物号、层号、房间号等要素构成，可根据库房的多少和位置将各要素进行组合编制。

（二）档案库房内的排架

档案库房内的排架是指对档案库房内的档案架（柜）、箱等按一定的顺序排放，并编号以固定其排放位置。档案库房内的排架基本原则是：有利于档案的保管和利用，有利于空间利用，美观有序。

在档案库房排架中，有窗库房中，档案架（柜）的排列应与窗户垂直，以避免强光直射档案；无窗库房中，档案架（柜）的排列纵横均可，但不得有碍通风。档案架（柜）的排列应最大限度地利用库房的地面与空间，但也要便于档案的搬运与存放。架（柜）之间的主要过道宽度应以便于档案小型搬运工具（如手推车）通行为宜，一般为 1 ~ 1.2 米。不同规格、不同样式的档案架（柜）应该分别排放。所有档案架（柜）的排放均不得紧靠墙壁。等档案架（柜）排放好后，应进行统一编号，编号方法为：自门口起，从左至右编架（柜）号，每个架（柜）子的栏也从左向右编号，每栏的格自上而下编号（如果没有栏，则自上而下编格号）。

二、全宗的排列和档案上架

在我国，档案馆（室）所保存的档案都是按全宗进行整理和保管的，因此，档案在档案库房中的存放也应按全宗来排列，对库房内的各个全宗应进行系统的排列。全宗的排列方法主要有按全宗顺序号流水排列法和全宗分类排列法两种。按全宗顺序号流水排列法对库房空间和全宗实体的安排比较方便；全宗分类排列法对全宗的系统管理和全宗内档案的信息管理较为有利。全宗内的档案应按档案整理中既定的分类体系和案卷的顺序号进行排列，以保持案卷之间的联系。

对于某些特殊情况，如库房或柜架预留的空位已被排满，新入馆的档案不能与先入馆的同一全宗的档案放在一起的时候，可以暂时分开保存，待有可能进行调整时，再将同一全宗的档案集中起来，或者有计划地分阶段分库排列保存。有些全宗内还会包括一些不同载体的档案如照片、录音、录像等，需分别保管。但在全宗指南、案卷目录说明等文件中应有所交代，并在全宗末尾放置卡片以指明存放地点，以使之保持应有的联系。

确定了全宗和案卷的排放次序后就可以组织上架，上架的次序应根据档案架（柜）及其栏、格等的编号次序进行。

档案的存放方式一般有两种：一是竖放，二是平放。竖放的优点是便于存放和取出档案，是目前被广泛采用的一种档案存放方式。平放的方式虽然不便于档案的取放，但有利于档案的保护，这种方式适于保管珍贵档案和不易于竖放的档案。平放档案时，为了避免文件承担过重的压力，堆叠的高度以不超过40 厘米为宜。

三、档案存放位置索引、档案代理卡和全宗卷的编制

（一）档案存放位置索引

档案存放位置索引，是为了便于档案保管工作者随时掌握档案馆（室）档案的存放情况和快速存取档案，将排放好的档案与其所处的位置一一对应而形成的索引。

档案存放位置索引按形式可分为簿籍式和卡片式（即指明各档案库房档案保存情况的索引）两种，其中第二种还可以采用图表式，即把每个库房（或每楼、每层、每个房间）内的档案存放实际情况绘制成示意图，也可绘制成大型图表挂贴在醒目位置，便于档案管理和调阅。档案存放位置索引的详略程度和表格中的项目，可根据档案馆（室）的规模和查找档案的频繁程度等具体情况来决定。

（二）档案代理卡

在档案管理过程和档案提供利用中，有时需要将档案库房中已经上架排放好的档案暂时移出档案库。为了便于库房管理，便于档案保管者及时、准确地掌握档案的流动情况并进行安全检查，会填制一种卡片放在档案原来的存放位置上，我们将这种卡片称为代理卡或代卷卡、代件卡。该卡片直观、准确、简明地反映了档案流向。卡片的内容主要包括全宗号、案卷目录号、卷（件）号、移出日期、移往何处、归还日期、签收人等，其常常被设计为红色、黄色、绿色等醒目颜色以示区别和易于辨认。档案代理卡是一种简便实用的管理工具，当档案被调用时，应及时准确地填写、放置代理卡，避免出现能从检索工具中查到，而在架上却取不到档案的情况。在档案归还之时，应及时将档案放回原位并在代理卡上做相关记录。

（三）全宗卷的编制

全宗卷是档案馆（室）在管理某一全宗过程中形成的，能够说明该全宗历史情况的有关文件材料所组成的专门案卷。档案馆（室）应对其所保管的全宗编制全宗卷，以反映全宗管理的历史面貌，从而便于档案的保管和利用。全宗卷的主要内容包括以下几个方面：

第一，档案收集方面：档案交接文据、移交目录，接收、征集记录，档案来源和价值说明等。

第二，档案整理方面：整理工作方案、分类方案、案卷目录说明、整理工作小结等。

第三，档案鉴定方面：鉴定小组成员名单、档案保管期限表、鉴定档案分析报告、销毁档案的请示与批复、销毁档案的清册等。

第四，档案保管方面：档案安全检查记录、报告，重点档案采取的特殊保护措施，档案的抢救与修复情况报告等。

第五，档案统计方面：档案收进、移出登记，案卷基本情况统计和重要的利用统计表等。

第六，档案利用方面：全宗指南（全宗介绍），开放利用和控制使用范围说明，档案汇编和公布出版情况及报批文件，档案产生社会效益或经济效益的典型事例等。

第七，档案管理新技术的应用方面：缩微复制和计算机辅助管理等情况的文字说明材料。

综上所述，全宗卷是档案馆（室）管理全宗的一种工具，它记录和反映了全宗内档案的管理过程，对该全宗的后续管理具有宝贵的凭证作用和参考价值，也是档案保管人员快速、全面掌握全宗情况所不可缺少的重要依据。

四、库房的环境管理

库房的环境管理是档案库房管理的重要内容，主要包括形成并维护库房中适宜档案保管的环境。在库房的环境管理过程中应注意以下几方面：

（一）对库房温湿度的控制

库房内的温湿度直接影响着档案的寿命，适宜的温湿度有利于档案的保存。我国《档案馆建筑设计规范》中规定，档案库房的温度范围为 $14℃ \sim 24℃$，相对湿度范围为 $45\% \sim 60\%$。在选定温湿度后，每昼夜波动要求温度不得大于 20℃，湿度不得大于 5%。调控库房温湿度的方法有很多，如密闭、通风。事实证明，增温、降温、增湿、降湿相结合是调控库房温湿度行之有效的方法。

（二）通过"十防"措施确保档案的安全

"十防"措施中的各项防护措施相辅相成，应将其落实到档案库房的日常管理工作中，确保档案实体和档案信息的安全。

（三）定期和不定期库房检查

检查是对档案库房管理工作的检验和总结，通过定期和不定期地对库房和库房中的档案进行检查，有助于发现和及时纠正库房管理中的问题，有助于全面、准确地了解档案的安全状况，有助于制定更加科学、完善的档案保管制度。在检查过程中应该实事求是，全面检查和重点检查相结合，真实、准确地记录检查过程和检查结果，并将其反馈给相关人员。

第四节　档案保管制度

档案保管制度，是指在档案保管过程中要求相关人员共同遵守的、按一定程序办事的规程或行动准则。如果没有制度的约束，各项工作都将面临失去控制、混乱无序的风险。档案保管制度是约束和规范档案工作人员在档案保管过程中的思想行为的准则和规范，同时在一定程度上对档案利用者利用档案的行为也提出了一定的规范和要求。制定档案保管制度的根本目的在于确保工作的正常运转和高效开展。完善的档案保管制度有利于防止和减少档案的损毁，延长档案的寿命；有利于建立确保档案安全、保密的档案安全体系，维护档案的完整与安全。

一、档案保管制度的制定原则

（一）档案保管制度的制定应合法、合理

档案保管制度的内容应遵循我国档案保管的基本规律和客观要求，遵守我国档案管理的相关法律法规和政策，如《中华人民共和国档案法》和《中华人民共和国档案法实施办法》中档案保管的相关条款。档案馆（室）的档案保管制度应与这些条款的要求相一致，不得违背和与之抵触。

（二）档案保管制度应明确具体，具有可操作性

档案保管制度不是宏观的、抽象的，应是切实可行的、便于贯彻落实的。因此，档案保管制度的制定应结合本馆（室）的实际情况，如馆藏情况，软硬件条件，人力、财力、物力状况等，对档案保管提出明确的规定和具体的要求，使得档案保管工作的开展有章可循、有据可依。

（三）档案保管制度既应具有一定的稳定性，又要具有适应不断变化的新情况的预见性

档案保管工作是一项长期的、持续性的工作，因此，档案保管制度应具有稳定性和连续性，在制定之前做全面、深入的调研，避免朝令夕改。然而，社会实践活动的变化不可避免地会给档案工作带来一系列的变化，档案保管工作也需适时调整，以适应不断变化的新情况。比如，面对大量产生的电子文件，我们应将其及时纳入档案保管制度，制定切实可行的措施，以确保电子文件的真实、完整、可读可用。

二、档案保管制度的内容

档案保管制度的内容是由档案保管工作的内容和任务决定的，一般表现为以下几方面：

（一）说明档案保管制度的制定目的和依据

一般来说，档案保管制度是为了维护档案的完整与安全、规范档案保管工作的行为而制定的。它是在结合本馆（室）实际情况的基础上，将法律法规、相关政策中对档案保管工作的要求具体化的结果。明确档案保管制度的制定目的和依据，有利于相关人员在工作中对制度的理解并遵照执行。

（二）关于档案库房管理的各项规定

具体包括档案库房的环境，比如温湿度的控制和调节，档案进出库房的制度，全宗的排放和档案的上架，"十防"措施等，将各项规定以制度化的形式固定下来，有效地保证了档案保管工作的顺利开展。

（三）关于档案保密的规定

档案保管工作不仅要确保档案实体的安全，也要保证档案信息的安全。档案保管制度应规定如何确保档案信息不被泄露。比如，规定在查阅利用档案时如何通过妥善保管有效地维护档案的安全。

（四）对不同类型档案的针对性保管措施

比如，对于馆（室）藏中极其珍贵的档案，应该使之区别于一般档案，有更为完善的保管规定。又如，为确保国家档案安全，各级国家档案馆要通过建立异地备份库等形式对本级重要档案及电子文件实行异地备份，对重要的电子文件还要实行异质备份，以确保电子文件长期可读，确保档案信息资源的绝对安全。

（五）明确档案保管工作人员的职权和责任

为了确保档案保管工作的顺利开展，在档案保管制度中，应明确赋予档案保管工作人员以相应的职权，为其完成工作任务提供支持和保障。同时，档案保管制度也应对保管工作人员提出明确要求，明确规定保管工作人员的责任。

第四章　档案的鉴定、统计和利用

第一节　档案的鉴定

一、档案鉴定工作的基本内容

档案鉴定工作的基本内容包括以下几方面：

（一）成立档案鉴定工作组织，完善档案鉴定工作机制

需要按照法律法规的要求成立档案鉴定工作组织，开展档案鉴定工作。完善的档案鉴定工作机制包括有效的沟通机制、有效的管控机制、经验记录机制、风险防范机制等。

（二）制定科学的档案鉴定工作政策和规则，确定合理的工作秩序、制度和标准

档案鉴定工作政策应该明确此项工作的主要目标，工作人员的责任和义务，应对重点、难点问题的措施及人、财、物的条件保障；明确档案鉴定工作规则，可以使鉴定人员明确自身在工作中的行为要求和权限，有利于统一鉴定人员的思想和行为，防范违规事件的发生；明确档案鉴定工作程序，能够使工作人员明确工作流程；档案鉴定工作的制度和标准是按照国家有关法律法规标准，再结合鉴定对象的实际情况制定出来的。

（三）具体判定档案的保存价值，划定需要保存档案的具体保管期限

档案鉴定人员可以根据对档案保存价值的判断和评估结果，按照档案保管期限表划定列入保存范围的档案的保管期限。

（四）处置列入销毁范围的档案

档案鉴定组织可以根据档案销毁制度和档案安全保密制度的要求，对经过鉴定已经失去保存价值或保存价值不大的档案进行销毁，并做好处理工作。

二、档案鉴定工作的要求

（一）从国家和社会的整体利益出发

档案鉴定工作是一项直接关系到一个国家和民族的社会历史记忆能否得到有效维护、传承和保护的重要工作，应从国家和社会的整体利益出发，科学地组织和开展此项工作，而不应只考虑本单位的利益。

（二）以全面的观点为指导

用全面的观点指导档案鉴定工作，就是在判定档案保存价值时全面分析影响档案保存价值的相关因素，综合判定档案的保存价值。而不应从某一个人、某一个机构、某一个机关的角度出发去开展鉴定工作，要从全社会的需要出发去开展工作。

（三）以历史的观点为指导

坚持历史的观点，就是根据档案产生的历史条件及其在历史上的作用，科学地评价其对维护人类社会历史记忆的有用性，确定其保存价值。

（四）以发展的观点为指导

以发展的观点为指导，就是要充分考虑到档案保存的未来意义。因此，档案鉴定工作人员一定要具有预测未来社会发展需要的能力。

（五）以科学的效益观念为指导

以科学的效益观念为指导，就是要求档案鉴定工作人员在进行鉴定工作时，应对被列入保存范围的文件和记录的利用价值和利用效益进行充分的预测和评估。只有当档案发挥作用后所带来的经济效益和社会效益大于所付出的管理成本时，才能认为档案是具有保存价值的。但是，单纯的效益观念在档案鉴定工作中要坚决避免。

三、档案鉴定工作的规则和方法

（一）档案鉴定工作的规则

档案鉴定工作的规则，是依据国家档案鉴定工作的法律法规和制度要求规定，供档案鉴定工作人员共同遵守的制度性行为规范。其内容主要包括：规范有据、统一管控、依理行鉴、标准先行、证据保全、以我为主、宽严适度、期满重鉴、程序合规、业务留痕等。

（二）档案鉴定工作的方法

档案鉴定工作的方法主要有三种，即整体价值评估法、内在价值鉴定法、相对价值评估法。

1. 整体价值评估法

这种方法是从整体上评价和预测档案鉴定工作的方法的总称。这种档案价值评估方法主要包括宏观鉴定法和档案双重价值鉴定法两种。宏观鉴定法的主要适用对象是电子文件、记录和档案的价值鉴定；档案双重价值鉴定法的主要适用对象是纸质文件、记录和档案的价值鉴定。

2. 内在价值鉴定法

内在价值鉴定法是以内在价值的属性和特征为标准的档案价值分析方法。影响档案内在价值的属性或特征主要有：物理形式、美学或艺术性、在展品中具有的使用价值、真实性可疑的日期和作者或其他特征、引起广泛的和实质性的公众兴趣、对一个部门或机构的建立或存续有法律依据意义的文献、作为制定政策参考文件的意义等。

3. 相对价值评估法

相对价值评估法是要求档案工作者在正确的档案相对价值鉴定理论的指导下，从不同角度出发综合判断和评估档案对人类社会存在和发展所具有的各种积极意义。档案鉴定人员可以以来源因素、内容因素、形成时间因素、职能因素、形式因素为导向，对档案进行相对价值判断。

在档案鉴定实践中，工作人员会遇到一些较为特殊的矛盾和问题。为解决这些特殊矛盾和问题，可以选择一些特殊的方法，如弹性方法、典型抽样法、随机抽样法、暂留观察法、"计划生育"法、专家评估法等。

四、档案鉴定的标准

档案的价值是客观存在的，但是对档案价值的认识和评价却带有很强的主观性。因此，制定明确的档案鉴定标准十分必要，以增强档案鉴定结论的客观性、可靠性、准确性。其标准主要有档案属性标准、社会需求标准、相对价值标准等。

（一）档案属性标准

档案的属性标准可以从以下几方面进行鉴定：

1. 文件来源标准

文件来源标准，主要是分析文件的价值。应站在本单位的角度，看立档单位在社会上的地位和作用，以及在本单位制发的文件中，具体的撰写者、制发机构对档案价值产生的影响。

2. 内容标准

内容标准，主要是看文件内容的重要性、独特性、真实性以及文件信息内容的综合性或集中性。

3. 时间与时效标准

时间与时效标准，主要是看文件形成时间对档案价值的影响，具体表现为文件形成时间的远近，文件形成于特别时期还是一般时期；看档案价值的实效性，表现为档案可以在不同时期满足人们不同需要的阶段性，即现实的使用价值、历史的参考价值和鉴赏的文物价值。

4. 形式特征标准

形式特征标准，主要是看文件的名称、文件的文本、文件的外形特点等。

档案属性特征的各个方面是相互联系、不可分割的，切忌孤立地、机械地单从某一方面的特征出发来判定档案的保存价值，要全面地分析、科学地判定档案的价值。

（二）社会需求标准

社会需求和利用对档案的价值有影响、调节和使用作用，其标准主要包括社会需求方向、社会需求面和社会需求时间。

1. 社会需求方向

社会需求方向，主要是指社会需要利用哪些内容和哪些类型的档案，把握住总的发展趋势。在不同历史时期，不同利用者所需要的档案信息内容不同。因此，档案工作人员要站在社会需求的高度把握好各方面利用档案信息的需要。

2. 社会需求面

社会需求面，是指社会对档案的需求是多方面和多层次的。因此，在鉴定工作中决定档案的留存与否和确定保管期限时，应以一定的社会需求面为前提，要避免片面地以个别需求为鉴定标准，而是要考察每份文件的社会意义。

3. 社会需求时间

社会需求时间，可以分为近期利用需求与长远利用需求。无论是近期利用需求还是长远利用需求，都要充分发挥档案馆史料基地的作用。

（三）相对价值标准

档案的相对价值标准，是通过相互比较来衡量档案保存价值的一种标准。标准内容包括相关档案的保存状况、档案保管的条件和费用等。

1. 相关档案的保存状况

相关档案的保存状况，主要是看档案的完整程度、档案是否重复、文件的可靠程度、档案内容的可替代程度等。

2. 档案的保管条件和费用

档案的保管条件和费用，主要是在开展鉴定工作时，要适当考虑现有的保管条件与设备的承受能力，以及在保管过程中所产生的储存费用、处理费用、保护费用、参与咨询费用等。

第二节　档案的统计

一、档案统计的地位和要求

档案统计是用定量的方法对档案、档案工作进行量的抽象，通过从质、量联系中对数量的观察和研究，以指标数字的形式揭示档案和档案工作中诸现象的发展过程、现状及其一般规律性。

（一）档案统计的地位

档案统计工作既是档案工作中一个独立的工作环节，同时也是保证档案工作质量、提高档案工作水平的一个有效方法。档案统计在整个档案工作中具有重要的地位。首先，档案统计是档案事业建设的一项重要基础工作，它是了解和掌握档案的形成、管理、利用情况和档案事业发展的重要手段。长期地、系统地积累档案统计资料，开展管理研究和综合分析，可以进一步认识和掌握档案工作的基本规律，为提高档案的科学管理水平打下基础。其次，档案统计是制定有关档案工作的方针、政策和计划并检查其执行情况的重要依据。档案统计数据准确地反映出档案工作部门的真实工作情况和档案管理活动的规律，从而为保证上级决策的正确性及对所属部门的工作进行指导、监督和检查提供了可参考和借鉴的统计资料。再次，档案统计也是对档案事业发展进行监督的有效工具。统计监督对于保证国家的整体利益，对于加强各地区、各部门、各单位贯彻执行党的各项政策，完成国家计划的任务，严格维护财经纪律，同违法乱纪行为做斗争，保持正常的工作程序都是不可缺少的。档案统计可以客观地反映档案工作发展水平，从中发现问题和选出典型；赞扬先进，揭露并寻找后进原因，采取有力措施予以改进。最后，档案管理各业务环节的工作，都要取得档案统计的密切配合。档案工作各业务环节都应该做到"心中有数"，也就是对情况和问题一定要有基本的数量分析。以档案的进馆为例，在接收前，档案馆必须对档案的基本情况有所了解，对档案的数量状况进行统计，获取立档单位与档案状况的基本数据，参考本馆人力、物力、库房面积的有关统计数字，这样才能使档案的接收工作顺利开展，避免发生混乱。

不仅档案收集这个环节离不开档案统计，档案的整理、鉴定、保管和提供利用同样需要档案统计。统计是按照一定的实体（全宗、案卷等）来固定文件的组织和保管体系，因而也是保证文件安全保管的手段。统计还为按档案存放地点检索档案提供了可能，所以，没有统计的档案管理只能是盲目的管理，没有统计的档案提供的服务只能是被动的。档案统计不是可有可无的，随着档案工作的迅速发展，更有必要加强档案统计工作。

（二）档案统计的要求

对档案统计工作的要求是确保其准确性、及时性和科学性。

1. 准确性

保证数字的准确性是统计工作的根本要求。坚持实事求是，如实反映情况，严肃认真地对待每一份表格、每一个栏目、每一个数字，不能马虎草率；要持认真负责的态度，务必使统计数字准确，符合客观事实，防止弄虚作假。

2. 及时性

应该建立统计制度，使档案统计步入正常工作轨道。各级各类档案馆、档案室的统计工作应该做到制度化、相互结合，逐步在全国档案系统形成一个上下贯通、"条块结合"的档案统计网络。没有统计数字会使我们的工作具有一定的盲目性，而数字填报不及时也会给决策上报造成不良影响。

3. 科学性

档案统计应按《中华人民共和国统计法》的要求，应用科学的标准和方法去收集、整理、分析统计资料,制定全国通用的档案统计报表。规定统一的格式、口径和标准,明确统计的范围、内容、项目和要求,以使各级档案部门有据可循,使档案统计调查工作更加科学化。

二、档案统计的步骤

档案统计工作的进行,基本上可以分为三个步骤:选定档案统计指标、档案统计资料整理与分析及案卷数量和情况检查。

(一)选定档案统计指标

统计指标的确立是进行档案统计的基础。档案统计通过统计指标来表现档案工作领域中数量方面的现象,即用数字的形式来描述档案工作中的现象、状态、水平、进程以及它的发展程度。它具有固定指标,如档案机构、人员数量、保存档案的数量、销毁档案的数量、比例、提供利用的人次和卷次、档案馆建筑面积、库房设备等。当然,实际工作中并不需要对档案工作的每一项内容都进行统计,也不是档案工作中的任何数量表现都有必要制定相应的统计指标。

确定档案统计指标的原则有以下几条:

第一,选定的统计指标必须与档案工作中一定的数量表现联系在一起。

反映说明档案工作的现象、过程及其发展规律的数量表现,一般称为综合指标。比如反映档案馆现存档案总量的统计指标是"馆藏量",反映提供利用工作情况可用"利用次数""调卷数量"来作为统计指标。档案统计指标必须有数量表现,档案统计指标如果在档案工作中找不到它的数量表现,也就失去了它本身的意义而没有了存在的价值。

第二,统计指标的选定要注意统一性和稳定性。

从全国范围来讲,对档案工作中的一些主要数量表现,应该有全国统一的档案统计指标。这些指标所反映的是综合情况和总体现象,而不是个别情况和局部现象。同时在档案统计领域,全国要有统一的计量单位,比如馆藏量是用长度米,辅以案卷数、库房面积平方米;利用情况是利用档案的次数和调卷数量等。档案统计指标一经确定,在相当长时期内就不得轻易变动,以保证档案统计工作的相对稳定性。

第三,统计指标要具有可比性。

统计指标是通过对档案统计的绝对数、相对数和平均数来表现的。绝对数是档案工作领域中一定现象的具体量的表现,是总量指标,同时它又是后两种指标的基础。而相对数是从对两个有联系的指标的对比中得出的一种指标,从部分到整体、从实际到计划、一个时期对另一个时期、一个地区对另一个地区等指标的对比中，都可以得出相对数。保证指标的可比性是运用相对数的基本原则。在运用相对数时，必须检查所用指标是否具有可比性。例如，档案馆在确定库房建筑面积前，就要对档案的收进和销毁做出预测，并计算出经过核定的档案总数与应销毁档案案卷的百分比。在档案统计中用这种对比的方法反映档案工作中某些现象之间的联系，能深入地分析绝对数所不能充分说明的问题。

第四，统计指标运用平均数必须遵循总体同质性原则。

平均数是对现象总体各单位某一数量标志进行平均，用这个结果来反映数量变化的一般水平。在统计工作中，只有在同类现象中才会计算平均数。

（二）档案统计资料整理与分析

通过统计调查获得的资料是分散的、大量的、原始的。为了把这些资料集中起来并使其反映宏观和微观两个方面的情况，必须对统计资料进行整理。整理的主要途径是对档案统计资料进行统计分组、归纳整理，其结果表现在统计表中。

（三）案卷数量和情况检查

检查案卷数量和情况的目的在于查明档案的实际数量是否与案卷目录上的登记相符，发现被损坏的案卷以及字迹模糊需要修复、需要重新装订、消毒或复印的文件。检查工作要严格以全宗为单位进行，检查周期要根据全宗的重要程度来确定。例如，对含有珍贵档案的全宗，是否可以五年检查一次，次之可以十年检查一次，第三类全宗可以十五年一次。在遇到突然事变或意外事故，使档案遭受损失的情况下，可以随时检查任何一个全宗而不受时间限制。

三、档案部门的统计工作

（一）档案室的统计工作

《机关档案工作条例》第十五条规定："机关档案部门应建立档案统计制度，对档案的收进、移出、保管、利用等情况进行统计，并按照规定向档案业务管理机关报送档案工作基本情况统计表。"根据上述规定，所有档案室都应建立统计工作制度，把档案统计工作纳入档案室工作细则之中，每次接收、移出、销毁档案都要及时进行登记和统计，做到"家底"清楚，"账目"与实物相符，并将此作为提高机关档案科学管理水平的有利条件之一。

档案室的统计工作主要通过以下几种形式进行：

第一，卷内目录：用来登记和统计单份文件的数量。

第二，案卷目录：用来登记和统计案卷的数量。

上述两种目录是档案室必备的，它是机关档案统计工作的基础。

第三，总登记簿：用来登记档案室档案的收进、移出变化情况和实存数量。它如同会计部门的总账一样，记录着档案室全部档案总量的变化情况。其具体内容如下：

①登记方法。以全宗内的案卷目录为单位进行登记，以"目录"为单位来说明案卷收入和移出情况。由于档案是陆续收入和移出的，所以需要预先留一些空格，以便今后登记。

②案卷收入。反映的是档案室档案的增加情况和档案室同文书部门交接案卷的情况，其中每个项目间都有密切联系。案卷的"目录中数量"与"实收数量"在大多数情况下是一致的，但有时也会不一致，即往往"实收数量"要少于案卷目录中登记的数量。这种情况说明案卷归档和档案收集工作中还存在一些问题。

③案卷移出。出现下列情况才填写：案卷向档案馆移交；案卷经鉴定确定销毁；案卷遭到损坏和遗失，不能继续使用。这些情况要根据经领导批准的证明文件或材料才能予以登记。

另外，"目录中现有数量"一项是总结部分，"收入"减去"支出"后的实存数量是档案室已编目档案数量的总和，是各级各类统计表的基础数字。

在档案室里，如果保存了两个以上全宗的档案，则每个全宗应各自立簿登记，或者在同一本上分户登记。如果收到或保存有未编目文件，也应同已编目档案分簿或分户登记。

第四，机关档案工作基本情况统计表：档案室是档案工作组织体系中最基层的机构，它的建立情况及其保存档案数量、库房面积、档案借阅与编制情况等，对于加强档案室建设以及进一步提高档案室工作水平，都是十分宝贵的材料。

（二）档案馆的统计工作

1.收进登记簿

收进登记簿是用来对档案馆所收进的档案进行最初统计的文件。它可以使人们了解在何种情况下，何时从何处接收了处于何种状况的各种档案，了解档案馆每年接收档案全宗和案卷的数量，明确各个时期档案的增加情况，准确报告档案的接收情况。收进登记簿要按时间顺序登记所收进的文件，而不管该全宗是初次进馆还是重复进馆。收进登记簿除按时间顺序登记外，还要填写每次收进文件的基本情况：文件何时从何处以及根据什么进馆的？文件的名称、年代、数量和状况以及它们的全宗号。每进馆一次编一个顺序号，而不管这些进馆档案是来自一个还是几个全宗。

2. 全宗名册

指用来统计档案馆保存的全宗数量，并固定全宗顺序号的登记册。填写方法：每个全宗在登入全宗名册、编写全宗号后，全宗号即固定不变。

全宗单是档案馆比较重要的一种综合性登记文件，它具体反映了每个全宗档案的全面情况，是统计全宗情况的最基本的原始材料。

全宗单以全宗为单位分别登记，它在档案初次进馆登入收进簿和全宗名册之后填写，一般按全宗号的顺序排列保管。如果档案馆保存的全宗数量太多，还可以为所有全宗单另外编制一套卡片目录。

全宗单由三个主要部分组成：全宗的一般情况介绍、未编目档案和已编目档案。

全宗单这种形式可以提供关于全宗状况及目录构成的具体数字指标。在全宗单上，每一目录占一个编号；如果某份案卷目录上的档案材料已从档案馆移出，它的编号也不能再给其他目录，以免使用档案时造成混乱。在一些特殊情况下，全宗单可以重新编制。比如，当全宗的材料已重新经过分类、整理和编号，全宗单已失去反映该全宗档案内容的真实性时，需要重新编制全宗单。

（三）档案业务管理部门的统计工作

各级档案业务管理部门对所属业务指导工作范围内的档案材料、档案工作情况和档案工作人员构成等基本情况，应该具体、准确、系统地了解，以便根据上级的指示结合所属地区、单位的实际情况，进行业务指导工作。

档案业务管理部门的统计工作，一方面依靠所属档案馆（室）填报登记、统计报表和卡片，另一方面，也可以根据填报的材料进行综合分析，按照工作需要拟制填写其他统计表。档案业务管理部门应该系统、科学地管理自己的统计材料，进行必要的分类排列；并根据档案馆报送的变化情况报表，在相应的登记统计报表上补充填写有关项目，做到"账目"与实物相符，统计表上反映的材料与实际相符，为业务指导工作提供可靠的材料。

档案业务管理部门的统计工具主要是全宗卡片和全宗变化情况年度报表，还可以进行综合统计、档案机构、人员情况、档案数量与状况、档案提供利用情况的统计等。

1. 全宗卡片

是全宗单的简化形式，用来统计每一个全宗档案的情况，卡片由档案馆填写，并向档案业务管理部门报送。对其格式和内容国家档案局已有统一规定，应由各级档案业务管理部门统一印制全宗卡片，下发所属档案部门填报，卡片由档案业务管理部门管理使用。

2. 全宗变化情况年度报表

档案馆向档案业务管理部门报送全宗卡片以后，每年应向档案业务管理部门报送全宗变化情况年度报表，说明每个全宗的档案增减变化情况。档案业务管理部门把报表反映的情况填在全宗卡片上。

第三节　档案的利用

一、档案利用工作的含义

档案利用工作的全称为"档案利用服务工作"，简称"档案利用工作"或称"提供利用"，是指通过一定的方法和手段提供档案信息，为社会各项事业服务的一项业务活动。档案利用工作的基本内容包括：了解和熟悉馆（室）藏档案信息的内容和成分、各种档案检索工具的使用方法；分析和预测社会对档案信息的需求特点，把握档案利用需求的发展规律；向档案用户介绍和报道馆（室）藏中相关的档案信息线索，积极开展档案咨询服务；向档案用户提供其所需的档案文献。

利用档案和档案利用工作是既有联系又有区别的两个概念。利用档案是指档案用户为了研究和解决某个问题而使用档案；档案利用工作是指档案馆（室）为满足利用需求向档案用户提供档案。所以，两者之间的关系应当是：有了利用档案的需要，才有档案利用工作；有了档案利用工作，才能实现利用档案。利用档案的行为主体是各类档案用户，行为目的是解决或研究社会实践中的有关问题；档案利用工作的行为主体是档案馆（室），其工作目的是向档案用户提供其所需的馆（室）藏档案信息，最大限度地满足档案用户的利用需求。弄清上述两个概念及其相互关系，有利于档案部门明确档案利用工作的范围和目的，积极主动地开展档案利用工作，为社会各项建设事业服务。

二、档案利用工作的重要意义

（一）档案利用工作是档案工作的根本目的

档案的社会效益和经济效益影响档案的保存价值。要充分发挥档案利用的价值，最重要的一点是要提供利用，在档案利用工作中了解档案的价值。可以说，档案利用工作是档案工作的出发点和归宿，便于社会各方面的利用，服务于以经济建设为中心的社会主义现代化建设，服务于政治、经济、科学、文化以及党和国家的其他各项事业，是档案工作的根本目的。

（二）档案利用工作对档案工作有促进作用

档案利用工作对档案工作具有促进作用。一方面，档案利用工作具有宣传功能，能够使人们在利用档案的过程中认识到档案的价值和档案工作的重要性，扩大档案工作的影响，增强人们的档案意识；另一方面，档案利用工作体现档案工作的成果，是衡量档案工作水平的主要标志。因此，做好档案利用工作能够促进档案工作更好地发展，提升档案工作的水平。

（三）档案利用工作是档案工作中最重要的一环

档案利用工作能够直接联系群众并为群众服务，具有很强的服务性。一方面，档案利用工作主动地向社会公众提供档案服务，满足档案用户的利用需求；另一方面，档案用户不断对档案利用工作提出新的要求，因此，档案利用工作是不断与时俱进的。实践证明：只有搞好档案利用工作，档案工作才能开展顺利；反之则死气沉沉，无法打开局面。档案工作要开创新局面，最重要的一环就是要搞好档案利用工作。

三、档案利用工作的基本要求

（一）主动服务，转变观念

服务性是档案利用工作的根本属性，只有确立主动服务的观念，才能产生自觉的服务行动，从而使档案工作者在档案利用工作中发挥出应有的作用。档案工作者只有转变观念，主动融入社会、参与社会，并了解、把握档案用户的利用需求，才能提高应变能力，有效地开展档案利用工作。积极主动服务，以服务大局、服务人民群众为原则，提高服务意识，丰富服务形式，改进服务条件：从推行接待服务公约到开展无假日服务，从简化查档手续到开展高层次定题服务，从开通档案查询向导热线到开展网上查档服务。

根据落实科学发展观和服务民生的要求，档案利用工作要转变过去重机关团体利用、轻个人利用，重为机关团体服务、轻为群众服务的传统观念，把解决人民群众最关心、最直接、最现实的利益问题作为利用工作的出发点和落脚点，重视个人和广大人民群众对档案的利用需求。针对近年来查阅房地产、劳模、招工、学历、公证、家史等档案用户日益增加的趋势，为加强档案利用工作，档案部门应制作专题目录，出版政策汇编，简化查档手续，完善服务设施，创新工作方法，为人民群众利用档案提供服务。

（二）熟悉档案，了解需要

档案利用工作的开展，一方面需要了解档案用户是否有利用需求，另一方面也需要档案馆（室）保存可以利用的档案。这就要求档案工作者既要十分熟悉档案馆（室）内所保存的档案，也要适时去了解社会对档案的利用需求是什么。几十年的档案工作实践证明，档案利用工作的基础是熟悉档案和了解需要，只有熟悉了本馆（室）的档案内容、馆藏结构等情况，同时结合档案利用需求来开展工作，才能够把档案利用工作由被动变为主动，及时、充分地满足档案用户需求。

熟悉档案，就是要熟悉档案馆（室）所藏档案的数量、成分、内容及存址，熟悉每一个全宗档案的形成和整理状况以及全宗与全宗之间的有机联系，熟悉各全宗档案所具有的利用价值。其中，要重点熟悉珍贵档案和特色馆藏。熟悉档案一般是通过了解档案工作各环节，如收集、整理、鉴定、保管、统计和利用等来加深对本馆（室）档案情况的了解。系统掌握本馆（室）档案内容和成分的最好途径，就是编制各种检索工具和开展编研工作；开展定期或不定期的检查和专门研究，有计划地翻阅一些重要档案，这也是熟悉档案所需要做的工作。只有全面熟悉本馆（室）的档案，才能在开展档案利用工作时减少盲目性，积极主动地提供档案利用服务。

了解需要，就是要做好档案利用工作的预测工作。社会对档案利用的需要是多元化的，也是不断变化的。在不同的发展时期，各行各业对档案的利用需求也是有所不同的。因此，档案部门应该在不同时期客观地对档案用户进行调查研究，充分了解档案用户的利用心理，适时改进档案利用工作，使档案馆（室）所提供的档案能够满足社会的利用需要。同时，应该根据当前进一步深化改革的要求，以及当前党和国家对各项工作的发展规划，通过调查走访相关部门，或者直接到群众中去征求意见，向各机关、各部门了解他们在工作中的档案利用需求及如何利用等情况。这些工作对做好档案利用工作是十分必要的。

熟悉档案和了解需要是档案利用工作中十分重要的两个方面，这两项工作是彼此联系、相辅相成的。熟悉档案是档案利用工作的基础，了解需要对档案利用工作具有指导意义。只有在了解了档案利用需要后，才能有目的、有计划地去熟悉档案；也只有在熟悉档案之后，才能够针对档案用户需求主动地开展利用工作。

（三）正确处理档案利用与其他工作的关系

1. 正确处理档案利用与基础工作的关系

档案利用的过程是档案为各项工作服务的过程，也是档案体现自身价值的过程。档案利用工作固然重要，档案的收集、整理、保管、鉴定等基础工作同样重要。如果没有档案的基础工作，利用工作就失去了前提；忽视业务基础工作，档案收集不齐全，整理不系统，保管不科学，鉴定不准确，就会影响利用工作。但只强调业务基础工作，不积极主动地开发档案信息资源，不开展档案利用工作，档案工作就会开展得不够全面，档案工作的目的就会不明确。档案利用工作和业务基础工作之间是辩证统一的关系，二者相互联系、相互依存，业务基础是前提，利用是目的。没有基础工作，利用工作无从谈起；忽视了利用工作，基础工作做得再好也无意义。只有同时搞好基础工作和利用工作，才能体现档案工作的重要意义。

2. 正确处理档案利用与保护工作的关系

档案所具有的社会价值与经济价值要求把它保护好，长期乃至永久地保存下去，以供党和国家乃至整个社会长远利用。然而档案的寿命又是有限的，查询档案的人越多，利用越频繁，对档案的损坏也越会随之增加，从而加剧档案损毁的进程。从可持续发展角度来看，档案利用工作必须保证档案的安全，力求档案（尤其是珍贵档案）实体不受损坏，尽量延长档案寿命。因而，档案利用不能只强调档案利用工作而忽视档案保护工作，但也不能只讲档案保护工作而限制档案利用。有些档案不仅当前利用较为频繁，而且在很长时间内都有重要的作用，绝不能只讲当前利用而不考虑长远的保存和利用需要，以免给档案的永久或长期保存带来极大的困难。只有既讲当前的利用，又讲长远的保存，实现广泛利用和长久保存相统一，才能保证档案利用工作的持续进行和不断发展。这就要求各级档案部门积极创造条件，充分利用现代科技手段，努力提高档案利用工作的现代化水平；尽快改变档案利用方式，在不影响档案利用效果的前提下，提倡用档案复制件、档案编研成果代替档案原件向档案用户提供服务。

3. 正确处理档案利用与保密工作的关系

档案利用工作与档案保密工作的关系看似相互矛盾，其实从根本上来说两者是一致的，都是为了充分发挥档案在党和国家各项事业中的作用。档案利用工作应该特别注意处理好利用和保密之间的关系。国家保存档案的目的是维护党和国家各项事业建设的历史原貌，同时为各行各业提供服务，充分发挥档案本身的凭证价值和情报价值。若将档案长期禁锢在档案馆（室）中，就会使档案保存失去了意义。但是在利用档案时，要特别注意那些属于党和国家机密的档案，既要积极主动地提供档案利用服务，充分发挥档案的价值，又要坚持保密原则，不泄露党和国家的机密。在实际工作中，对什么档案要保密、什么档案不保密以及档案的保密期限多长等问题，应该特别注意妥善处理；若处理不当，便会产生利用和保密之间的矛盾。档案的保密工作不应该过于保守，若为了保密而不使用档案，就会使档案利用工作失去意义。但是也不能在提供利用时丢失保密原则，泄露党和国家的机密，使国家利益受到侵害。对于档案在什么情况下可以利用，什么情况下应该保密，保密期限多长，什么情况下可以解密，都要在不侵害国家和人民利益的前提下，依据党和国家的方针政策，把保密工作和利用工作结合起来。凡是有利于党和国家及广大人民群众利益，有利于社会主义经济建设，有利于社会稳定和民族团结的档案，都应该积极地提供利用；反之，则应该严格保密。

四、档案利用工作的发展趋势

（一）档案利用内容广泛化

随着全民档案意识的普遍提高，人们要求提供的档案内容已不仅仅局限在政治范畴内，而是延伸到了社会生活的各个方面。为适应此要求，档案部门的档案收集范围也不再局限于与政治有关的内容，而是呈现出内容更加广泛的显著特点，如社保档案、健康档案、人事档案、房产档案、科技档案等。这些档案与人们的日常生活联系密切，已逐渐成为档案利用的重要组成部分。

（二）档案利用方式多样化

随着信息时代的到来，信息需求的日益增加，现代信息与通信技术的广泛应用，生活节奏的加快，档案用户不仅对档案信息内容的精度与广度提出更高的要求，对提供利用方式的便捷性与多样性也要求更高。在网络环境下，档案用户可以在任何时候、任何地点快捷地查找到所需档案。这些档案也不再是单纯的文字、图形，而是包括了文字、声音、图像等在内的多媒体档案。

（三）档案利用服务个性化

一是服务时间的个性化，即在档案用户希望的时间提供档案信息服务；二是服务方式的个性化，根据档案用户的爱好及特点提供档案信息服务；三是服务内容的个性化，有针对性地开展档案信息服务，使档案用户各取所需、各得其益。在今后的档案利用工作中，档案利用服务个性化将成为很重要的发展趋势。

（四）档案利用对象社会化

普通公民应当享有平等的档案利用权，但长期以来档案利用的局限性、封闭性，使大多数普通公民根本不可能认识档案、利用档案，档案利用工作的对象范围非常有限。随着人们档案意识的增强及对档案利用需求的增加，档案利用工作发生了很大转变，档案用户已经涉及社会各个阶层，档案利用对象出现了社会化的趋势，有越来越多的普通公民开始利用档案。

五、档案利用方式

（一）传统利用方式

1. 档案阅览

档案阅览，是指档案馆（室）在特定的场所开辟阅览室，向有关档案用户提供档案信息的一种利用服务方式。它是目前我国档案部门提供档案利用服务的一种主要形式。

档案是记录历史的原始材料，一般都是独本、孤本，有的档案内容具有一定机密性，这决定了档案一般不宜外借。在阅览室利用档案有许多优点：一是便于保证档案材料的物质安全，不仅可避免档案的丢失，而且能减少档案的辗转、磨损，延长档案的"寿命"；二是有利于维护党、国家和各机构内部机密的安全；三是便于及时周转，提高档案利用率。

阅览室代表着档案馆（室）与档案用户产生直接联系，是档案工作发挥作用的主渠道，是档案馆（室）对外工作的窗口。外界通过它可以了解档案馆（室）的馆藏、管理和服务水平，档案部门通过它可以直接体察服务对象的要求和评价。因而做好阅览室工作十分重要，一般应注意以下几点：

第一，阅览室的设置需兼顾优质服务和严格管理两个方面。阅览室要适于阅览和从事研究，既便于调卷，又要求明亮、宽敞和安静。一般应有服务台、阅览桌和存物处等服务设施，阅览桌以无抽屉为宜，以便于管理人员进行必要的监护。为方便利用，还应准备历史、地理、政治、经济、文化和语言等方面的工具书以及与所有档案密切相关的参考材料。

第二，为维护阅览室秩序和档案的安全，阅览室应制定必要的规章制度。其内容包括严格明确阅览室接待对象、档案材料的阅览范围、批准权限，并办理人事、档案索取和归还手续，以及档案用户爱护档案的若干具体规定等。

第三，档案工作者需要有良好的工作作风和扎实的业务基本功。档案工作者既要主动热情，急利用者之所急，又要熟悉政策、精通业务，如熟悉馆藏和各种检索工具等，擅长对外接待工作。同时，还要有认真负责的精神，注意提醒档案用户遵守有关规定，在借出和收回档案时仔细检查材料状况，维护档案的完整与安全。

第四，为了保密和保护档案，对于残旧、易损害和特别珍贵的档案，最好提供复制本。尚未整理的零散文件一般不外借，有特殊情况必须借阅时，要逐件登记。对已整理编目而没有装订的案卷，也要采取类似的措施。档案用户必须爱护档案，不得在文件中做任何记号和涂改。档案用户不能将档案带出阅览室外，阅毕的档案应及时归还，认真清点。

2. 档案外借

档案外借，是指档案馆（室）为满足某些需要档案原件或副本做证据等的特殊利用需求，暂时将档案借出馆（室）外使用的一种利用服务方式。机关档案室将档案原件外借给本单位的领导和有关业务部门的情况比较多，如果认为有必要，档案室还可采取"送卷上门"的主动服务方式，充分发挥档案的作用。在档案馆的提供利用活动中，档案工作者对那些珍贵的或易损坏的文件、古老文件，以及特殊载体的档案文件，一般不能借出馆外使用。如云南大学档案馆的档案原件，按照《云南大学档案管理办法》中的规定，原则上不外借，确因特殊工作需要必须外借档案原件的，根据《中华人民共和国保密法》，经过有关领导审批可以借阅。另外，为确保档案的保密安全，外借档案须签订一份保密安全责任书。广西师范大学档案馆根据《干部档案工作条例》中的规定，结合学校实际情况，规定借阅人事档案的必须是中共正式党员。因此，档案外借工作必须做好以下几方面工作：

第一，健全档案外借制度。只有在档案用户，特别是党政领导机关或司法机关必须将档案原件作为证据的特殊情况下，才可将档案原件借出馆（室）外使用。外借档案的时间不宜过长，以免遗失、失密与泄密。借出档案时，应办理严格的交接手续，并查明外借档案文件的份数及状况。外借档案的数量应予以控制，一次借出馆（室）外的档案数量不宜过多，以免影响其他利用者查阅使用。档案借出后，应填制代卷卡（单），放置在档案原来的位置上，以便档案工作人员掌握档案的流动和利用情况。归还档案时，档案工作者必须认真清点，并在借阅登记簿上注销；如果发现外借档案被污损、拆散、撕破、抽换、散失等，则应及时向有关领导或主管部门汇报，以求妥善处理。

第二，做好档案外借登记。档案馆（室）应监督档案用户填写清楚档案借阅单，做好档案外借登记工作。开展此项工作的目的，在于掌握有关档案用户借阅了哪些档案及副本，了解有关外借档案的去向，控制档案的归还时间，明确借阅使用档案的责任。

第三，及时催还外借档案。对借出的档案已到归还期限仍迟迟不归还的，档案部门要及时地向借阅者催还。其目的是避免档案因长期滞留在档案用户手中而影响其他借阅者使用，加快档案利用的周转率；同时也是避免出现损坏、散失、失密和泄密现象，维护档案完整、安全的一项措施。

3. 制发档案复制本

制发档案复制本，是指档案馆（室）根据档案用户的需求，以档案原件为依据，通过手抄、静电复印、拍照、投影晒印、摹写等复制方式，向档案用户提供档案复制本的一种利用服务方式。根据不同的利用需要，档案复制本可分为副本和摘录两种。副本可反映档案原件的所有组成部分，摘录只是选取文件的某些部分、某个问题或某个事实。

制发档案复制本以提供利用具有较多的优点。一是可以使档案用户不用到档案馆（室），在自己的工作岗位上就可以随时参考所需要的档案材料，为党和国家各级机关广泛利用档案创造了便利的条件。二是可以在同一时间内满足较多档案用户的利用需要，使档案更充分地发挥作用。三是可以代替原件提供利用，减少了对原件的损耗，有助于档案原件的保护和流传。四是为防止档案原件毁于天灾人祸起到有备无患的作用。

提供档案复制本也有它的局限性。一是档案用户总想看到原件，因某些证据利用需求而对复制本感到不满足。二是对印发的档案复制本不易控制，不利于保密。因此，档案馆（室）应努力提高复制技术水平，尽可能使复制本近似于原件，尽量满足不同的复制利用需求。同时，在确定制发范围和批准权限时要谨慎。

制发档案复制本可同阅览室工作相结合，也可单独规划与组织，一般是档案馆（室）根据自己的设备条件和档案用户的要求进行的。首先由档案用户提出所要复制的档案，并说明用途、复制要求和数量，办理一定的批准手续后进行复制。档案复制本必须和档案原件细致校对，并在边上或背后注明档案馆（室）的名称、档案原件的编号，加盖公章，以示对复制本负责。

4. 档案展览

档案展览，是指档案收藏部门按照一定的主题，以展出档案原件或其复制品的形式，系统地揭示和介绍档案馆（室）藏中有关档案的内容与成分的一种利用服务方式。

展览的主要形式一般有两种。一是长期性的展览，即在档案馆内常设档案陈列室，陈列馆藏中有关国家、民族、本地区、本馆历史的珍贵文献和档案材料。如美国国家档案馆长期展览《独立宣言》《人权法案》等珍贵档案，每年都会吸引数百万民众来参观。二是短期性的展览，就是档案馆根据形势需要和馆藏实际情况，积极配合国家重大政治活动、纪念活动、杰出历史人物纪念活动，举办各种专题档案展览。如纪念建党一百周年展览、庆祝新中国成立七十周年展览等。

档案展览的作用主要表现在以下两个方面：

第一，宣传教育作用。经过选择和组织展出的典型材料，能以档案的原始性、生动性和形象性给观众留下深刻的印象，起到生动的宣传教育作用。

第二，发挥档案特有的作用。参展的档案材料一般是经过精心挑选的，其中有的还属于档案珍品，其能以原始性、丰富性和独有性发挥档案特有的作用。

举办档案展览既要突出思想性，又要体现一定的科学性、业务性和艺术性。为使其达到满意的效果，首先要选好展览主题，然后精心选取和组织材料。档案馆根据自身的条件，可在馆内设立长期的展览厅（室），陈列本馆保存的有关国家、民族和本地区、本馆历史的珍贵文件，使人们一进入档案馆就能对档案有所了解，引起社会对档案的重视。档案馆平时应配合各种工作和有关活动，酌情举办各种类型的档案展览，如历史档案展览、艺术档案展览、各种专题展览，还可配合各种纪念活动组织有关人物或事件的展览等。档案室为配合当前的工作任务和机关的有关工作，可举办各种小型的展览，如工作或生产、科研成就、工作成果、公文质量、规章制度展览等。

档案展览可以由一个档案馆（室）单独举办，也可由几个档案馆（室）联合举办，或与有关单位联合举办；可经常性地长期陈列展出，也可以临时展出。

展览陈列的地点和方式，可根据需要和条件或固定展出，或巡回展出。要对入选档案进行合理分类，编写前言、各部分标题、提要和介绍。围绕主题查找和挑选展出的档案，是组织展览过程中最重要的一环。档案展览内容的思想性、科学性和展出的效果如何，往往取决于展出档案的内容和种类，因此，要选择最有价值和最有意义的材料，特别是选择能真实反映历史事件、揭示事物本质的材料。选择展出档案时，需要对形成档案的历史环境、事件始末进行深入的了解和研究，只有以历史唯物主义的观点，在深入研究材料的基础上选择档案，才能准确地反映问题的本质。

5. 制发档案证明

制发档案证明，是档案馆（室）根据档案用户需求，结合馆藏档案记载情况而出具相应书面证明材料的一种利用服务方式。在社会生活中，一些机关组织或个人为了处理或解决某个问题，需要档案馆（室）提供档案中所记载的有关问题和事实的证明材料。如公安、检察、司法机关需要审理案件，个人需要有关身份、工龄、学历、财产等方面的证明材料。

档案证明必须根据机关、团体或个人的申请才能制发。申请人须写明申请制发档案证明的目的，所要证明的事项及其发生的时间、地点等情况，以便档案馆（室）对申请书进行审查以及对证明材料进行查找与编写。档案证明应根据档案正本或可靠的抄本来编写。只有在没有正本或可靠抄本的情况下，才根据草案、草稿来编写，并在证明上加以标明，如未经签署、记录草稿或试行草案等。不论根据什么材料编写，都要在档案证明上注明材料出处和根据。档案证明中的文字要确切明了，内容范围要限定，不能超出申请证明的问题范围而列入其他材料。

档案馆（室）是管理档案的机构，不是国家公证机关，它不能代替其他机关行使职权。档案馆（室）所发的档案证明，只是向有关机关或个人证明某种事实在本馆（室）所保存的档案中有无记载及如何记载的，而不是直接对某种事实下结论或给予某种权利。因此，在编写档案证明时应以引述或节录档案原文为主要方法；如果必须由档案工作者根据档案内容综合或摘要叙述时，务必保证表述的准确性和真实性。编写档案证明的档案工作者不能擅自对材料进行解释，否则证明材料就失去真实性，不能起到凭证作用。如发现档案材料互相矛盾，应将几种不同的材料同时列入档案证明中，以供使用者分析研究。

在档案证明中应写明档案证明接受者（申请者）以及制发档案证明的档案馆（室）的名称和证明制发日期。档案证明写好后，在经过认真校对、审查批准后，须加盖档案馆（室）或机关公章发出。制发证明需要注意：档案原件是制发证明的依据，引述原文是制发证明的方法，加盖公章是制发证明的标志。

6. 档案咨询

档案咨询，是指档案馆（室）根据档案解答问题的形式，向档案用户提供档案信息及有关情报的一种利用服务方式。

档案咨询的种类，可以从不同角度划分：

首先，按内容性质，可将档案咨询分为事实性咨询、指导性咨询与检索性咨询。事实性咨询，是指档案馆（室）解答档案用户关于特定的事项或数据的询问。指导性咨询，是指档案馆（室）对档案用户查阅档案过程中产生疑难问题时进行指导服务。检索性咨询，是指档案馆（室）根据有关档案用户的需求，主动地提供情报（包括相关的事实、数据、目录信息等）咨询服务。

其次，按难易程度，可将档案咨询划分为一般性咨询和专门性咨询。一般性咨询，是指对档案用户提出的档案馆（室）的基本情况、档案利用制度、所藏档案的种类、内容与成分等方面的询问所进行的解答服务。专门性咨询，是指根据对有关档案材料的分析研究结果，解答档案用户特定档案的研究价值、文件中记载的事实或数据的真实性与可靠性、文件中某些术语的含义，以及有关专题档案文件的范围等方面的询问。

最后，按咨询形式，可将档案咨询划分为口头咨询和书面咨询。口头咨询，是指以口头解答或电话答复档案用户询问的一种服务方式。书面咨询，是指以正式的书面材料解答档案用户询问的一种服务方式。

在实际工作中，只有将各种咨询服务方式有机结合起来，才能有效地开展这项工作，及时解答档案用户提出的相关问题。

档案咨询的步骤一般分为以下几个程序：

第一，接受咨询问题。对档案用户在借阅档案时提出的问题，较简单和有把握的应立即回答；问题比较复杂的，要记录下来进行研究后再予以答复。无论档案用户是当面还是用电话咨询，凡是不能即刻解答的，或让档案用户稍候，或另约时间。总之，应从方便档案用户出发，使之省时、省事，又获得满意的结果。必须指出的是，不是用户所提一切问题都要解答。如果其所咨询的内容超出咨询范围，或涉及党和国家机密，或属于家庭与个人隐私而不宜公开的问题等，可以说明相关情况，谢绝解答。

第二，查找档案材料。根据档案用户提出的咨询问题深入分析研究，确定查找范围，选定检索工具，明确检索途径和方法，查找有关的档案材料。

第三，答复咨询问题。通过一系列的工作，找到档案用户所需要的档案材料即可答复其所咨询问题。答复咨询的方式，视具体情况可直接提供答案、提供档案复制本、介绍有关查找线索等。提供档案材料时要注明出处，包括作者、文种、形成时间、档号（全宗号、目录号、案卷号、页号）等。若档案中对同一事实有不同记载，要全部提供给档案用户，由档案用户分析判断、决定取舍。

第四，建立咨询档案。回答咨询问题时应有目的地建立咨询档案。凡是重要的、有长远参考价值的，或者可能重复出现且解答不了的问题，都应做完整的记载，包括各种原始记录、解答咨询的过程、最后的结果等。建立咨询档案对于全面掌握咨询情况、总结经验、改进工作及探索规律都有重要意义，是一种有参考价值的材料，应该持久地连续积累并发挥它的作用。

（二）网络利用方式

所谓网络利用，是指档案部门运用信息技术，通过网络提供档案的一种利用服务方式。它具有综合性强、内容丰富、形式多样、传播迅速、方便快捷等特点，与传统利用方式相比有明显的优越性：第一，有利于档案信息资源共享；第二，有利于提高档案利用率；第三，有利于保护档案原件。在网络环境下利用档案，可以打破单位、部门、行业、系统、地区间的界限，实现档案信息资源共享。档案用户只要拥有一台可上网的计算机，便可随时随地浏览网上全球各类档案信息，包括文本、图片、音频、视频等多媒体信息。档案用户之间、档案馆（室）之间、档案用户与档案馆（室）之间的地理距离将因网络连接而消失，彼此之间的交流与合作将变得频繁而快捷。

1. 档案网络利用的主要途径

（1）档案数字化

数字化主要是针对馆藏档案来说的。网络将成为档案利用的重要手段，通过网络提供档案利用服务，就必须实现馆藏档案的数字化。档案的载体类型不同，采取的数字化手段也不同，如纸张和照片档案利用扫描仪、录音和录像档案利用采集卡，转成数字文件后存储到计算机中。馆藏档案数字化工作的重点，是数字信息质量、数字信息存储格式和数字信息备份问题。质量是可用性问题，是档案用户满意程度的重要衡量标准，是实现网络利用的前提。

（2）档案网络化

网络化就是将已经数字化的馆藏档案和电子档案上传至网络，让档案用户通过网络就可利用档案信息。网络是提供档案网络利用的物质基础，建设网络需要专业技术人员介入，网络建设质量的高低直接影响信息安全的程度及档案利用的方便性和快捷性。档案用户只要拥有网络终端，便可浏览档案馆在网上提供的文本、图片、音频、视频信息。档案网络建设一定要合理和科学，网络建设是实现档案网络利用的技术基础。

（3）档案标准化

要实现档案信息在网络环境下的长期可利用和可交换性，标准化是前提。加强标准化体系建设是提供档案网络利用服务的前提和基础。标准化体系应包括馆藏档案数字化过程的标准化、形成电子档案的标准化、电子档案存储与交换格式标准化以及元数据的标准化。没有标准化，就无法实现档案信息网络化，利用网络提供档案利用服务也只能是空谈。

2. 档案网络利用的主要措施

（1）建立档案数据库

建立数据库是组织网络信息资源的重要方式。这种方式就是将要处理的数据进行合理分类和规范化处理后，以记录的形式存储于计算机。通过建立数据库来组织信息资源可极大地提高信息的有序性、完整性、可理解性和安全性。主要可建立以下两种数据库：

一是以馆藏档案数字化为基础的馆藏档案数据库。这种数据库在国外被称为"公用数据库"，通常用于馆藏档案的数字化建设项目，代表项目有美国杰斐逊档案数字化项目和英国国家档案数据集数字化项目。

二是以归档电子文件为基础的电子文件数据库。这种数据库在国外被称为"公用信息系统"，通常用于电子文件和电子档案的数字化建设项目，代表项目有美国的数字档案馆项目和联邦政府的电子档案馆项目。

（2）建立网络档案检索系统

档案网络利用涉及多方面的内容，但其核心和关键环节是信息资源的有效检索。网络档案检索系统建设面临许多新的课题，如前期基础工作的组织与实施、信息检索系统的功能、适用于网络信息组织与管理的方法和技术、网络环境下对信息的筛选与过滤等。只有建立高效的网络档案检索系统，才能满足档案用户的需求，具体表现如下：

一是满足档案用户查找信息的求全和求准需求。对查找信息的求全需求，指档案用户为了达到解决问题的目的而查找相关档案信息，需要尽可能掌握有关这一问题的全部材料，通过对这些材料的全面分析研究而得出结论。同时，无论是出于查证还是参考需要，档案用户都希望所获得的档案信息最具有针对性，并和利用目的具有相关性，这就是对查找信息的求准需求。

二是满足档案用户对利用速度的求快需求。档案用户为了能够顺利地解决问题，总是希望尽早地获得所需的档案信息。这种在最短的时间内查找到最全面、最准确信息的时效性需求，就是档案用户对利用速度的求快需求。网络档案检索系统的快速反应在一定程度上满足了档案用户的这种需求。

三是满足档案用户对利用途径的求易需求。档案用户对利用途径的求易需求被称为"档案用户需求心理的求便规律"。求易需求具体表现为：档案用户希望通过网络档案检索系统和预约调卷系统远程查阅档案；希望在利用档案时所要办理的手续相对简便；希望检索系统界面友好，能够容易地获取档案信息。

（3）建立档案信息网站

档案信息网站指将经过选择的、系统的、符合专业体系要求的信息提供给档案用户，以满足其对某一领域或某一方面信息需求的网站。其目标在于节省档案用户的查找时间和通信费用，提高查准率、查全率。档案网站在总体上具有以下基本功能：

一是宣传功能。档案信息网站通过网络在档案机构和网上用户之间架起了一座桥梁，它可以充当档案机构的广告牌，通过网站宣传改善档案职业的社会形象。利用网站宣传档案工作的优点主要有：传递迅速，即时性、直接性突出；多媒体技术的应用增强了网站的亲和力，容易被广大用户接受；具有极强的交互性、双向性，能取得较好的宣传效果；宣传面较广，受众广泛，可以到达全世界每一处能上网的地方；反馈渠道多样及时，灵活有效，如通过电子邮箱、网络论坛、即时通信软件等方式进行反馈；档案宣传和档案利用结合得比较紧密，在宣传的同时也可以提供档案信息利用；给予档案用户主动选择的自由，更加人性化。

二是服务功能。建设档案信息网站最大的动力和成果，是对档案利用工作的拓展和延伸。当前，中央及地方各级档案馆进一步扩展了其教育与服务功能，将各级各类档案馆建成保管重要档案的基地和爱国主义教育基地，建成为改革开放和现代化建设事业提供档案信息服务的中心。档案信息网站提供丰富的馆藏档案信息资源，使档案用户能够借助网络实现即时档案信息查询，并通过网络完成档案信息的传输。同时，档案信息网站发布的各种规范、指南、标准，对档案馆及档案专业技术人员的培训，以及档案学术研究成果的发布等信息，对档案工作者开展工作、提高理论与实践水平具有不可低估的作用。

三是交流功能。档案信息网站的交流功能，指档案信息网站为档案机构之间、档案机构与档案用户之间的交流提供了一个平台。交流是网站提供个性化服务的前提条件，交流也促进了档案工作实践的进步和理论水平的提高。档案工作者只有通过电子邮件、QQ、微博、微信等方式与档案用户交流，及时收集、分析档案用户的反馈信息，了解档案用户的个性化需求，才能不断改进工作，为档案用户提供更好的服务。

四是教育功能。作为历史的原始记录，档案承载了最真实、生动的传统文化，有关民族历史、反抗侵略战争、革命先烈、建设祖国、对外交往等的档案材料是最好的爱国主义教材。档案信息网站可以通过揭示档案馆丰富的馆藏信息资源，成为具有自身特色的爱国主义教育基地。

第五章 档案信息化管理

第一节 档案数字化管理

一、数字化设备

本节的数字化设备是指将传统模拟档案信息转换为数字档案信息的设备。数字化设备是形成数字化文本、图像、声音和影像档案资源必不可少的设备，正确选择和使用数字化设备直接关系到档案数字化的质量和效率。

（一）纸质档案的数字化设备

纸质档案是指以纸张为载体的档案，占据了我国馆藏档案的绝大多数，因此，对其进行数字化加工是实现档案数字化的主要任务。由于传统照片、底片记录的照片档案数字化与纸质档案数字化类似，因此，本节所介绍的纸质档案的数字化设备也包括照片、底片档案的数字化设备。

1. 扫描仪

扫描仪是利用光电技术和数字处理技术，以扫描方式将图形或图像信息转换为数字信号的设备。扫描仪是目前纸质档案数字化的主要设备。正确选择扫描仪对提高纸质档案数字化的效率和质量十分重要。

扫描加工是将馆藏中纸质、照片、缩微品等档案转变为数字化信息的主要方法，数字扫描仪是进行数字化处理的主要工具。在选择和使用扫描仪时，需要了解扫描仪的工作原理、分类方法、技术指标等，以实现对扫描设备的正确选择和科学使用。

（1）扫描仪基本工作原理

扫描仪通过对原稿进行光学扫描，将光学图像传送到光电转换器中变为模拟电信号，又将模拟电信号变换成数字电信号，并通过计算机接口传送至计算机中。在扫描仪获取图像的过程中，有两个元件起到关键作用：一个是CCD

（Charge-coupled Device，电荷耦合元件），它将光信号转换成电信号；另一个是模拟数字转换器（即 A/D 转换器），它将模拟电信号变为数字电信号。这两个元件的性能和技术指标直接影响扫描仪的工作质量。扫描仪的工作方式主要有反射式和透射式两种。

①大多数平板扫描仪采用反射式扫描原理。在扫描仪内部，有一个由步进电动机驱动的可移动拖架，拖架上有光源、反射镜片、透镜和 CCD 光敏元件等。扫描时，原稿固定不动，拖架移动，其上的光源随拖架移动，光线照射到正面向下的原稿上，其过程类似复印。图片反射回来的光线通过反射镜片反射到透镜上，经过透镜的聚焦投影到 CCD 光电耦合元件上，经过光电转换形成电信号，然后进行译码，将数字信号输出。

②采用透射式扫描原理的扫描仪一般有两类，一类是胶片专用扫描仪，另一类是混合式扫描仪。胶片专用扫描仪的结构紧凑，反射镜片、透镜、CCD 和光源安装在固定架上，不能移动，可移动的是胶片原稿。扫描时，固定在移动架上的胶片原稿由步进电动机带动进行缓慢移动，光源发出的光线透过胶片照射到反射镜片上，经过反射、聚焦，由 CCD 元件转换成电信号，最后经译码传送到主机中。混合式扫描仪是在普通平板扫描仪上增加一个带有独立光源的配件，该扫描仪具备了透射式扫描仪的特点，可扫描胶片的芯片和负片。在扫描时，胶片原稿固定不动，移动拖架在步进电动机的带动下移动，顶部的独立光源也同步随之移动；该光源的光线穿透胶片照射到移动拖架上的反射镜片、透镜和 CCD 元件上，变成电信号，最后经过译码把数字化图像传送到主机中。

（2）扫描仪的种类

由于广泛的社会需求，近年来，数字化扫描技术迅速发展，扫描仪的种类越来越多，用途越来越专业。目前，按扫描速度可以将扫描仪分为高速、低速两种，按工作原理可以将扫描仪分为手持式、平板式、胶片专用、滚筒式和 CIS 扫描仪等多种类型。

第一种，高速扫描仪。扫描分辨率为 50 ～ 600dpi。在 200dpi 以下，黑白或灰度扫描，每分钟可扫描 90 多幅影像；彩色扫描，每分钟可扫描 60 多幅影像。扫描幅面从小卡片至 A3 纸张都适用，既可单面扫描，也可双面同时扫描。它的优点是扫描速度快、图像处理功能强大；缺点是扫描时容易卡纸、损坏档案，字迹质量较差的档案不易扫清楚，扫描后的图像处理工作量比较大。高速扫描仪适用于纸张质量状况较好，统一为 A3、A4 幅面的文书档案或尺寸较小的票据、单证等，也可扫描纸张尺寸较大的 A4 报表。

第二种，宽幅扫描仪。这是一种大型的扫描仪，最大进纸宽度可达到 54

英寸，最大扫描宽度达到 51 英寸，扫描厚度达 15 毫米。这种扫描仪的分辨率为 50 ～ 800dpi，有黑白、灰度、彩色等扫描模式。自带扫描和图像处理系统，具有全面支持色彩管理、快速预览、处理大型文件、改进批量扫描等功能，能有效提升扫描的效率和品质。它的优点是能扫描零号及零号以下的工程图纸、大幅的地图、字画及超长、超厚的文书档案等；缺点是扫描速度比较慢，价格比较昂贵。

第三种，零边距扫描仪。扫描分辨率为 100 ～ 1200dpi，有彩色、灰度、黑白三种扫描模式，可自动适应 A3、A4 大小的纸张，可自动进行页面校正。这种扫描仪的外形类似平板扫描仪，不同的是它有一侧无边框，因此适用于扫描原件不能拆除或装订的图书、资料和珍贵的档案。缺点是扫描速度较慢，价格高于平板式扫描仪。

第四种，底片扫描仪。照片底片，又称负片或透明胶片，主要用来扫描幻灯片、摄影负片、CT 片及专业胶片，高精度、层次感强，附带的软件较专业。底片扫描仪直接对底片进行数字化处理即模数转换及处理，并将处理结果输送至计算机进行存储。目前，市场上的底片扫描仪分专业级和普通级两种。专业级底片扫描仪一般体积较小，只能扫描底片。它采用透射光源，分辨率极高，可扫 135、120 底片，也可扫描 4×5 英寸或者更大幅面的底片，如医学底片，价格比较贵。普通级底片扫描仪是在普通扫描仪上增加透扫适配器，采用的是反射光源，分辨率也是主流扫描仪的指标，实质上是"带底片扫描功能的平板扫描仪"；价格与普通扫描仪相当，一般只能扫 135 底片。对于大多数档案部门来说，其底片的数量不多，只要求扫描图像清晰，不追求"艺术效果"，因此，普通级底片扫描仪也是不错的选择。

第五种，手持式扫描仪。价格便宜，使用方便，光学分辨率一般为 100 ～ 600dpi，大多是黑白扫描模式。

第六种，平板式扫描仪。平板式扫描仪主要扫描反射稿，扫描分辨率为 100 ～ 2400dpi，色彩位数从 24 位到 48 位，扫描幅面一般为 A4 或 A3 纸张。它的优点是扫描图像清晰，色彩逼真，不易损坏纸张；缺点是扫描速度比较慢，图像处理功能比较弱。适用于纸张状况较差，如纸张过薄、过厚、过软或破碎的档案。

第七种，滚筒式扫描仪。以点光源一个像素一个像素地进行采样，采用 RGB 分色技术，优点明显，是真正的专业级扫描仪，价格也很昂贵。

第八种，CIS 扫描仪。它是"接触式图像传感器"，不需要光学成像系统，结构简单、成本低廉、轻巧实用。但是对扫描稿厚度和平整度要求严格，成像效果比 CCD 差。现在有 CCD 扫描仪带 TMA（透扫器），可扫胶片。

（3）扫描仪的主要性能指标

扫描分辨率、扫描精度、色彩位数、灰度级、扫描幅面、扫描速度、兼容性、接口型等都是选择和使用扫描仪时应重点考虑的技术指标，了解扫描仪的性能指标有利于正确选购适用的扫描仪设备。

第一，扫描分辨率。主要是指扫描仪 CCD 的光学分辨率，是决定扫描清晰度的主要参数指标，dpi 的数值越大，扫描的清晰度就越高，决定了扫描仪记录图像的细致度。描述分辨率的单位一般为 dpi，代表垂直及水平方向每英寸显示的点的数量；分辨率越高，图像越清晰，同时数字化图像所占的容量也越大。光学分辨率是扫描仪的光学系统可以采集的实际信息量，即扫描仪感光元件的分辨率；最大分辨率是通过处理软件或算法可以捕获的信息量。购买扫描仪时应当首先考虑光学分辨率指标，因为它不仅决定了扫描仪对原始图像的最大感知能力，还决定了扫描仪的价格、档次。当前市场上扫描仪的光学分辨率一般有 300dpi×600dpi、600dpi×1200dpi、1000dpi×1200dpi 等类型。扫描分辨率越高，扫描图像的品质越高，但这是有限度的：当分辨率大于某一特定值时，只会使图像文件增大而不易处理，并不能显著改善图像质量。所以，分辨率选择应根据用途、原件字体大小来决定。一般须兼顾显示、打印或识别的要求，适当考虑存储空间效率。过高的分辨率不仅无法显现效果，反而会放大原件的干扰信息，而且会对存储空间造成浪费。事实上，档案馆采用 300dpi×600dpi 分辨率的扫描仪就可以完成一般档案的数字化了。

第二，扫描速度。扫描速度是指扫描仪从预览开始到图像扫描完成的过程中光头移动的速度。在保证扫描精度的前提下，扫描速度越快越好。扫描速度主要与扫描分辨率、扫描颜色模式和扫描幅面有关，扫描分辨率越低、幅面越小、单色，扫描速度越快。扫描速度有多种表示方法，因为扫描速度与分辨率、内存容量、存取速度以及显示时间、图像大小都有关系，所以通常用指定的分辨率和图像尺寸下的扫描时间来表示。档案数字化工作量大，高速扫描有利于提高工作效率，缩短档案数字化的时间。但是，必须在保证图像质量、不损害档案原件的前提下正确选择高速扫描仪。

第三，色彩分辨率。色彩位数用以表明扫描仪在识别色彩方面的能力和能够描述的颜色范围，它决定了颜色还原的真实程度；色彩位数越大，扫描的效果越好、越逼真，扫描过程中的失真就越少。色彩分辨率是表示扫描仪分辨彩色或灰度细腻程度的指标。从理论上来说，色彩位数越大，颜色越逼真。灰度级是扫描仪从纯黑到纯白之间平滑过渡的能力，灰度级位数越大，相对来说扫描结果的层次就越丰富,效果越好。目前市场上扫描仪的色彩位数一般有24位、30位、36位、48位等几个档次。如果是一般的文稿或图片本身质量就不高的话,24位色彩位数的扫描仪就够用了。

第四,扫描幅面。扫描幅面表示扫描图稿的最大尺寸,平板扫描仪、零边距扫描仪、高速扫描仪一般可选择A4或A3幅面,宽幅扫描仪可以扫A0以下幅面的图纸。

第五,接口方式。扫描仪与计算机之间的接口方式主要有SCSI、EPP、USB和IEEE 1394四种类型,其中SCSI、USB较常用。SCSI接口的最大优势是它工作时占用的CPU空间很小。扫描仪软件接口标准(TWAIN 1.0)已经得到广泛的使用,适应32位、64位的软件和驱动程序也正在开发中。

EPP即打印机端口,其特点是使用方便,对计算机要求低,但扫描质量较差。USB接口速度较快,安装方便,可以带电拔插。随着USB应用的日益广泛,采用USB接口的扫描仪已成为主流。SCSI扫描仪安装时需要在计算机中安装一块接口卡,安装较复杂,价格较高;但速度快,扫描稳定,扫描时占用系统资源少。其实,无论是EPP、USB还是SCSI接口,都不是决定扫描仪扫描速度的主要因素,扫描速度与扫描仪本身性能息息相关,因而使用任何一种接口方式,扫描速度上并无太大差别。但从接口上看,最适合档案馆使用的是USB接口。当然,如果配置SCSI接口卡,则扫描仪性能更佳。

SCSI接口的扫描仪需要一块SCSI卡将扫描仪与计算机相连接,早期的扫描仪大都是SCSI接口。其优点是传输速度较快,扫描质量高;缺点是需要打开机箱安装一块SCSI卡,要占用一个ISA或PCI槽以及相应的中断,有可能和其他配件发生冲突。EPP接口是采用计算机连接打印机的接口,同SCSI的扫描仪相比速度较慢,扫描质量稍差,但安装方便,兼容性好。大多数采用EPP接口的扫描仪后部都有两个接口,一个接计算机,另一个接其他并口设备。

USB接口采用串口方式进行连接,当前已经成为连接标准,优点是速度快,可带电插拔,即插即用。有的扫描仪可直接由USB口取电,无须另加电源。

IEEE 1394接口是苹果公司开发的串行标准,中文译名为火线接口。同USB一样,IEEE 1394也支持外设热插拔,可为外设提供电源,省去了外设自带的电源,能连接多个不同设备,支持同步数据传输。作为高性能的快速通信接口,它尤其受到专业扫描仪厂商的青睐。不过,对IEEE 1394规范,苹果公司采用收费授权的方式,也就是使用IEEE 1394规范的产品都必须向其支付一笔使用费。IEEE 1394接口虽然是具有里程碑意义的发明,但是由于其较昂贵的价格,还很难在家庭用户中普及。所以,采用IEEE 1394接口的扫描仪的价格比使用 USB 接口的扫描仪高许多。

随着扫描仪的广泛使用和普及，人们对扫描仪的精度、准确度、灵敏度、速度等都提出了较高的要求，扫描仪的生产厂家也在 RGB 同步扫描技术、高速图像处理技术、色彩增强技术、光学分辨率倍增技术等方面不断研究和进取。同时，为了更好地满足用户的特殊使用要求，生产厂家将各种技术、图像处理系统与扫描仪相结合，开发出以人为本的功能更强大、性能更好、使用更方便的零边距、无边距、无盲区、无变形、自动翻页等扫描仪。如全息无损、自动定位、高速采集、超大幅面、智能化图文优化、图像文件批处理等都是一些新型产品具有的特点，大大提高了扫描工作的效率，降低了扫描工作人员的劳动强度。

2. 数码翻拍仪

随着数码影像技术的飞速发展，一种新型的数字化设备——数码翻拍仪正在悄然流行起来。数码翻拍仪，又称数码拍摄仪、数码缩微仪等，是一种将数码相机安置在可垂直调节高低的支架上，用以拍摄文件材料或其他实物的数字化设备。目前，市场上的数码翻拍仪按照翻拍性能、翻拍对象、尺寸等可分为多种类型。

（1）数码翻拍仪与扫描仪相比所具有的优越性

第一，数字化速度快。平板式扫描仪每扫描一页文件都有扫描灯管的往复移动和翻盖的过程，扫描速度较慢。若采用 200dpi 来扫描 A4 幅面真彩图像，每分钟扫描加工数量一般为 1 ～ 2 页。而高速扫描仪对档案的纸张质量要求较高，容易损坏档案，因此有一定的局限性。用数码翻拍仪拍摄文档没有机械运动的过程，只是曝光一下，速度不到 1 秒，扫描加工数量一般可以做到每分钟 8 ～ 20 页。

第二，对档案材料损害小。用平板式扫描仪扫描装订的档案时，难以做到平整扫描，扫描的图像往往会倾斜或扭曲，导致后期处理工作量增加；而使用高速扫描仪，不拆档案根本无法加工。数码拍摄可以省略档案拆装过程。运用数码翻拍仪提供的低畸变镜头和图像变形处理软件，可以解决拍摄档案倾斜、线条变形等问题，这不但大大提高了数字化处理的效率，而且可避免档案在拆装过程中造成的损失。

第三，加工对象直观。用扫描仪扫描文档，若要在扫描前浏览扫描图像的效果，一般需要选择扫描仪预览功能，这样就降低了扫描加工的速度。而数码翻拍仪的全部操作过程直观可见，即真正做到了"所见即所得"。

第四，加工对象不限于纸张。扫描仪一般只能扫描纸张材料，数码翻拍仪除了可扫描纸张材料以外，还能翻拍特殊载体的档案，如奖旗、奖牌甚至奖杯等立体的物体。

第五，便于调节扫描幅面。一般扫描仪只能扫 A4 幅面的纸质材料，扫大幅面图纸的扫描仪价格十分昂贵，利用率又不高，不适宜于一般机构配置。数码翻拍仪只要调节数码相机与底板的距离，就能灵活地选择拍摄不同幅面的纸质档案，这对扫描尺寸频繁更换的档案特别具有优势。

（2）数码翻拍仪与传统翻拍仪相比所具有的优越性

传统的翻拍仪采用传统相机进行档案拍摄和缩微，与之相比，数码翻拍仪具有以下显著优势：

第一，使用成本低。传统的翻拍仪拍摄需要胶片，拍摄后需要冲洗显影，阅览需要购置专门的缩微阅读仪，使用成本和人力成本都比较高。数码翻拍仪的翻拍与普通数码相机一样，使用时不需要耗材，拍摄图像有问题时可立即重拍；拍摄形成的照片，任何计算机系统都可以阅读。

第二，图像处理便捷。传统的翻拍仪形成的缩微胶片图像很难进行处置。数码翻拍仪形成的影像电子文件可以被灵活加工处理，如纠偏、去污点、去黑边框等。应用翻拍仪自带的 OCR 软件进行字符识别，将扫描形成的图像文件识别成可编辑的 word、pdf、txt 等格式文件，进行二次编辑与加工；应用图像处理软件对扫描中出现的线条扭曲、图像变形等问题进行处理，有些数码翻拍仪还自带防畸变镜头，可自动纠正大幅面图纸拍摄中四周弯曲的线条。

第三，便于计算机技术应用。传统翻拍的缩微胶片不便于查找、传递、编辑、整理，这些缺点正是数码翻拍技术的优势所在。数码翻拍仪形成的电子文件，具有采集高效、处理灵活、传播迅速、检索快捷、多媒体集成、生动直观等缩微技术难以比拟的优势。

第四，充分整合了数码相机技术。传统的翻拍仪一般只能翻拍成黑白胶片；数码翻拍仪不仅能翻拍成黑白图像，还能翻拍成彩色图像。数码翻拍仪借助高分辨数码影像技术，拍摄的图像清晰逼真、色彩丰富；支持色差、亮度、对比度、饱和度、伽马值等后期图像增强功能；能通过 USB 接口直接连接电脑，将拍摄的档案文件直接在电脑中显示或通过邮件发送出去，实现档案的无障碍传播；USB 能直接给翻拍仪供电，不需要另插电源；将所有拍摄操作按钮都整合在底板上，操作十分简便；突破传统使用扫描枪扫描条形码识别的方式，用户只需轻点鼠标即可完成条码识别，不但提高了工作效率，也省下购买扫描枪的费用；

可拍摄录像，将动态的图像如手工翻阅档案的过程记录下来，用作视频编辑的素材。

第五，灵活使用各种数码拍摄设备。有些数码翻拍仪的活动支架可以固定数码相机、手机等各种拍摄设备，用户可以借助拍摄设备翻拍档案材料。

（3）数码翻拍仪的应用范围

数码翻拍仪是传统的复印、扫描、投影、拍照、录影等技术的集合体，由此兼具这些技术的优点。无论是对传统的翻拍缩微还是扫描技术来说，数码翻拍仪的出现都是一场变革，受到社会各领域的普遍关注。目前，该技术已经广泛用于政务领域红头文件、往来信函等文件翻拍；银行传票、合同、抵押担保、会计凭证和信用卡等文件翻拍；证券期货行业股东账户开户、买卖合同、股东身份等文件翻拍；保险行业合同、发票、身份证等文件翻拍；工商税务行业税务年检等业务文件翻拍；学校学生学籍、成绩单等档案翻拍；国土行业房屋地契、图纸、合同等档案翻拍；司法行业往来信函、红头文件、法律文件、卷宗等档案翻拍；医疗行业病历、处方等档案翻拍；公安部门案件档案翻拍等。

（4）数码翻拍仪在纸质档案数字化中的应用前景

尽管数码翻拍仪已经在各政府机关、企事业单位得到广泛的应用，然而其在档案信息化中使用较少。其主要原因是档案界人士对这种设备的发展现状和趋势不够了解，以为它就是传统的缩微翻拍仪。由上述分析可知，它特别适用于以下情况：一是中小型企事业单位办公室或业务部门对尺寸频繁变化的文件材料进行数字化；二是各级各类档案馆或机关档案室对纸质材料老化、不便于拆卷的档案进行数字化；三是建筑设计、制造业等企业未购置大型扫描仪，又需要对大幅面图纸档案进行数字化；四是对奖旗、奖牌等实物档案进行数字化；五是对尚无条件对纸质档案进行数字化，但在利用时临时需要对查阅的档案进行数字化，以便通过网络提供远程查档服务。鉴于数码翻拍仪具有使用成本低、拍摄精度高、速度快、操作简便，又便于进行 OCR 字符识别和其他图像处理等特点，相信它会吸引越来越多的档案用户。随着数码翻拍仪应用范围的扩大，数码翻拍仪的功能和性能将会不断改进和完善，因此，它有可能在不久的将来部分取代扫描仪，成为纸质档案数字化的得力工具。

3. 缩微胶片扫描仪

如果已经对纸质档案进行了缩微复制，可以采用专用设备——缩微胶片扫描仪对缩微胶片上的影像进行数字化转换处理。缩微影像转换技术的应用包括对缩微胶片进行扫描，把缩微模拟影像转换成数字影像并进行存储、还原和检索输出等。

（1）缩微胶片扫描的优缺点

与纸质档案扫描相比，缩微胶片扫描的优点主要有：扫描速度快，节约时间和成本；没有尺寸和形状的限制，可以同时对各种幅面的纸质档案进行扫描；缩微胶片可以继续留存，作为数字档案备份的一种形式；可以进行批量处理，操作简便易行；便于对图像做调节亮度、对比度及拉直和裁剪等优化处理；易于对输出的图像信息进行检索、阅读、打印和传递。缩微胶片扫描的缺点主要有：所得的图像已经是第二次或第三次转化，失真明显，图像虽然可以强化，但有时效果不明显；一些胶片的状况较差，出现了划痕、装订线阴影等，影响扫描影像的质量；扫描仪的分辨率不足以捕捉原件所有有价值的信息。

（2）缩微胶片扫描设备的选择

与纸质档案扫描仪相比，缩微胶片扫描仪的扫描效率要高得多。目前，缩微影像转换成数字影像的技术日趋成熟。选购缩微胶片数字扫描系统时既要考虑产品的技术领先，又要考虑是否适用以及性价比。选购时应考虑胶片类型，如缩微平片、封套片、开窗卡片、16毫米胶卷、35毫米胶卷等；放大倍率的范围；扫描速度，即单位分辨率，如4.5秒/400dpi；光学分辨率和输出分辨率，如300～800dpi等。

4. 纸质档案数字化的软件配置

纸质档案数字化除了具备必要的硬件设施外，还需要有运行硬件设施所需的档案数字化工作软件。该软件有两大类：系统软件和应用软件。系统软件包括操作系统、数据库管理系统等平台，如 Windows、SQL Server 等。应用软件是在具备上述软硬件平台的基础上实现数字化流程如文档扫描、图像处理和数据存储等功能的软件。这些软件可以从市场上购置，或从网络上免费下载，或由硬件设备配送获得，如购置扫描仪时获得 ACDSee、Photoshop 或专用的图像浏览、处理软件，购置刻录机时获得 EasyCD Creator 等刻录软件。对于大批量纸质档案的数字化处理而言，仅仅靠上述分散的、专用的软件工具是不够的，必须采取系统集成方式将整个数字化流程集合为一个统一的制作、加工系统，开发出专用的"档案数字化加工管理系统"，实现对包括档案整理、目录建库、档案扫描、图像处理、图像存储、数据质检、数据挂接、数据验收、数据备份、成果管理等档案数字化加工全过程的流水作业和安全质量控制。

（二）录音档案的数字化设备

现存的模拟录音档案一般已有30年以上的历史，其内容十分珍贵。然而随着时间的流逝、使用次数的增加，加上受不适宜的环境条件影响，其声音很容易受损或消失，甚至由于没有了播放设备而无法还原。利用多媒体数字技术把模拟录音带转录成数字音频档案，有利于录音档案的及时抢救、长期保存、编研制作和共享利用。随着数码音像技术的普及，模拟录音档案的数字化也被提到重要议事日程上来。录音档案数字化比较容易实现，主要硬件有放音设备、存储设备和计算机等。录音档案数字化软件较多，可根据个人习惯和熟悉程度加以选择。

1. 录音档案数字化的硬件

（1）传统放音设备

根据拟数字化录音档案的规格、型号配置相应的放音设备，如开盘式放音机、钢丝带放音机、盒带录音机、电唱机等。放音设备必须能将声音源以电平信号的方式通过音频输出插孔输出，若原设备不具有音频输出插孔，应进行改装。

（2）模数转换设备

模数转换设备是录音档案数字化的核心部件，品质好的模数转换设备有低失真、低时延、高信噪比的特点。模数转换设备主要是声卡。声卡是多媒体技术中最基本的组成部分，是实现模拟信号和数字信号相互转化的一种硬件，其基本功能是将来自磁带、光盘、话筒等的原始声音信号加以转换。它的工作原理是将获取的模拟信号通过模数转换器，将声波振幅信号采样并转换成一串数字信号，存储到计算机中。重放时，这些数字信号被输送到数模转换器，以同样的采样速度还原为模拟信号。声卡的技术指标主要有两个。一是采样频率，采样频率越高，声音越保真。目前，声卡的采样频率一般应达到44.1kHz或48kHz。二是样本大小，当前声卡以16位为主。8位声卡对语音的处理也能满足一般需要，但播放音乐的效果不是很好；16位声卡可以达到CD音响水平。

（3）内部声音混合调节器

内部声音混合调节器的主要功能，是把不同输入源中输入的声音信号进行混合和音量调节，通常要求该混合器是可编程或可控制的。

（4）监听、拾音设备

如监听音箱、监听耳机、话筒等。

2. 录音档案数字化的软件

数字化转换软件主要为音频制作软件，如Creative WaveStudio，Gold Wave，Music-Match，JukeBox等，一般反映使用Creative WaveStudio较好。此外，

Gold Wave 也是一种功能强大、占用空间少、免费共享的绿色软件，并且可以在互联网上免费下载。刻录软件也较多，如 Easy CD 等。

（三）录像档案的数字化设备

录像档案数字化的整个设备系统由四个部分组成：提供模拟视频信号输出的放像设备，如与录像带相配套的录像机、放像机等；对模拟视频信号进行采集、量化、编码的视频采集设备，通常由视频采集卡来完成；对数字视频进行编辑的编辑系统；数字录像档案的存储设备或存储系统。

1. 录像档案数字化的硬件

（1）放像设备

放像设备要根据录像档案载体的不同而做出不同的选择。受到数字设备的冲击，许多传统的放像设备已经退出市场。曾经十分流行的模拟录像带及其播放设备，按照制式划分主要有 VHS、Beta 和 8 毫米等类型。VHS 是家用录像系统的英文缩写，这种录像机采用带宽为 1/2 英寸的磁带，习惯称"大 1/2 录像机"。目前，档案馆保存的模拟录像带中绝大部分是 VHS 带。Beta 录像机采用不同于 VHS 的技术，图像质量优于 VHS 录像机；所用磁带的宽度也是 1/2 英寸，但磁带盒比 VHS 小，故又称"小 1/2 录像机"。8 毫米录像机综合了 VHS 和 Beta 录像机的优点；体积小，图像质量高，所用磁带宽度仅为 8 毫米。模拟录像机不仅有制式的不同，而且按照其信号记录方式及保真度的不同可分为不同技术质量等级。不同制式、不同等级、不同品牌的录放设备及不同性能的录像带之间并不兼容，因此，必须针对录像带的类型选择相应的放像设备。应根据录像带规格、型号选用设备，如 WHS 放像机、3/4 放像机等。普通模拟录像机可输出清晰度在 200 多水平线的模拟录像；高清晰度模拟录像机可输出清晰度在 400 水平线的模拟录像；数码摄像机可输出清晰度在 500 水平线的数字录像。档案部门保存的录像带形式各异，主要有小 1/2 带、大 1/2 带、3/4 带等。与这些录像带相匹配的可运行的放像机越来越少，档案部门应当尽快将这些珍贵的录像带做数字化处理；否则，将来这些古董放像机一旦被淘汰，带中的影像就很难再现了。

（2）视频采集设备

视频采集设备由高配置多媒体计算机的内置或外置的视频采集压缩卡组成。录像档案数字化的一个重要工作内容是音像采集。所谓音像采集，是指通过硬件设备把原录像带保存的模拟信号转换成数字信号后采录至计算机中，以数字图像格式保存的过程。图像采集的过程是保证数字图像质量的关键环节，因此，正确选择采集所使用的硬件设备即采集卡至关重要。目前，市面上的采集卡种类较多，档次、功能不一，按照其用途从大到小可分为广播级、专业级、民用级视频采集卡。档次不同，采集图像的质量不同。档案部门应采用专业级以上的视频采集卡。由于视频的数据量非常大，因此对计算机的运行速度要求很高。在未压缩的情况下，采集一分钟的视频数据可能超过几百兆，如果 CPU 和硬盘达不到要求，将无法进行采集或者采集效果较差，如画面失真、停顿、掉帧等。

要想顺畅地完成视频采集工作，CPU 最好是 3GHz（吉赫）主频，硬盘接口应用 SCSI、IEEE 1394 或 USB3.0 接口。在挑选进行录像档案数字化的采集卡时，要仔细比较各种采集卡的性能、价格，对以下几项参数应予以特别关注：一是是否支持视频数据的硬件级处理。对批量录像档案的数字化而言，适宜选用带硬件实时压缩功能的 MPEG-1 或 MPEG-2 卡。这类卡采用硬件完成压缩过程，既节省了时间又节约了空间，而且硬件压缩后的图像质量较好。二是是否有足够的帧速率。帧速率的高低直接决定着视频卡制作的视频文件是否流畅。帧速率比较低的低档产品，CPU 占用率也高。建议在压缩成 MPEG-1 格式时，动态分辨率为 352×288 时应达到 25 帧 / 秒，而分辨率为 320×240 时应达到 30 帧 / 秒。三是是否带音频输入功能。如果视频卡仅能采集图像信号，音频信号必须通过声卡来传输录制，则将增大对计算机资源的占用率，并且容易造成视频与音频信号的不同步。因此，建议采用视音频整合采集的视频卡。

2. 录像档案数字化的软件

录像档案的采集、转换和编辑除了需要视频卡外，还需要借助视频采集软件和视频编辑系统来实现。通过视频采集软件，在实现录像档案的数字化采集之前，可以设定所需生成的视频文件格式，设置视频文件的各项参数，如调节录像信息的亮度、视频取样标准，以确保采集信号的质量。

（1）采集软件

视频卡配套提供的视频采集软件功能相对简单，通常无法对视频信息进行复杂的编辑和转换。因此，对采集后的视频信息，在必要的情况下，可以使用专门的视频编辑软件甚至功能强大的非线性视频编辑系统进行编辑处理。视频编辑与文本编辑类似，是将采集好的视频素材进行二次加工，如插入、剪切、复制、粘贴、拼接视频片段等，还包括字母、图形乃至不同视频、音频的叠加、合成等。通过上述处理，在不破坏视频素材真实性的前提下，可以使录像档案更加清晰、美观和生动，并对视频内容进行适当的引导、指示和标注。

（2）编辑软件

视频编辑软件是对视频进行录制、切割、合并、重组、批量处理、格式转换等制作的软件。当前，针对各种需要产生的视频格式繁多，如 RM，ASF，WMV，AVI，MPEG-1，MPEG-2，MOV，3GP，MP4，MKV，FLV 等。而流媒体格式因其在网络浏览和传输支持上的优势，越来越得到广泛的青睐。现今信息产业界已开发出许多功能强大、界面友好的视频处理软件，如 Adobe Premiere Pro，Ulead VideoStudio，After effects，Video Edit Master，Top Video Splitter，AVI Joiner 等。其中，适合档案工作者使用的视频编辑软件有 Adobe Premiere 和 Ulead VideoStudio 两大系列。这两款软件具有完善的视频编辑功能和优良的技术性能，当前流行的版本有 Adobe Premiere Pro 和 Ulead VideoStudio Pro X7 等。

二、档案数字化建设与应用管理

在信息时代，加强档案数字化建设不仅能提高档案管理的质量与效率，也能进一步提升档案资源应用水平。但传统模式下的档案管理普遍存在局部化、分散化现象，以及复合型人才队伍建设相对滞后的问题。因此，提高档案数字化建设水平首先需要构建安全可靠、覆盖全局、统一标准的数字化管理平台，其次是通过教育培训等途径建设复合型实用人才队伍。

在网络信息时代大背景下，数字化已经成为档案管理的重要途径。完善的数字化建设与应用管理体系不仅有助于全面提高档案管理水平，而且正在成为档案实现应用价值再创造的重要推手。

（一）档案数字化建设对档案管理的促进作用

1. 全面提高档案管理质量与效率

基于数字化平台的档案数字化建设对于档案管理最显著的促进作用，当属提高管理质量与效率。在传统模式下，档案的资源利用价值不易于长久保存；甚至随着时间的推移，较为久远的档案极有可能在多次查询或借阅等活动中出现损毁的问题。尤其是纸质介质类原始档案的损坏多数具有不可逆性，极大地影响了档案对相关单位及机构的资源利用价值。不仅如此，传统的档案管理工作普遍存在效率低下且准确度不高的问题。一是体现在档案的管理工作方面，人工操作始终难以完全避免失误或错漏。二是体现在档案的应用方面，一方面，档案应用方极易因查询和借阅效率低而降低使用意愿；另一方面，容易进一步增加工作人员的负担，并且可能由于归档和借阅等多种活动的同时进行而出现相互干扰，从而提高了人工管理的失误率。

相比之下，基于网络与信息技术的档案数字化管理能克服大多数传统档案管理中的缺点。一是保证了档案的完整性。通过扫描等方式可将纸质档案全面、快速、准确地转换为数字档案并集中存放于数字化档案管理平台，数字化后的档案在传阅与应用过程中也不会出现错误或缺失等问题。二是提升了档案管理的效率。基于数字化技术的档案管理平台划分了前、后台的应用，前台应用面向档案使用人员，后台应用面向档案管理人员。二者的操作相互独立、互不影响，对管理员和使用者来说都十分便利。三是降低了档案管理的成本。在大数据时代，大量档案的应用及管理等工作更突显了数字化档案在管理速度和效率方面的优越性。相较于粗放投入人工的传统管理模式，数字化能够在极大程度上压缩档案管理的人工成本。

2. 进一步提升信息资源价值应用水平

唐太宗曾有一句名言："以古为镜，可以知兴替。"意为对比古今朝代更迭可以发现社会的兴衰变化，而记录历史、反映历史的正是各式各样的档案信息。档案是重要的信息载体，借助档案可了解政治、经济、科技、文化等社会各方面的发展变化。随着信息技术、信息产业、信息网络的不断发展，信息化对经济社会发展的影响也愈加深刻。在信息时代，信息资源、材料资源及能源共同构成了国民经济和社会发展的三大战略资源。

信息技术与网络的高速发展使得数字化时代的信息资源迅速增长，出现了"大数据"的概念。越来越多的企业甚至是政府机构通过对大数据的采集及挖掘分析获取了更多的信息。例如京东商城用户画像档案应用，采用大数据挖掘分析技术对用户进行特征勾勒，产生用户画像档案并通过统一数据服务接口供商城网站的其他应用调用，旨在提高与用户间的沟通效率、提升用户体验。在推荐搜索功能中调用，可针对不同用户的属性特征、性格特点或行为习惯进行数据分析，从而对更可能符合该用户偏好的商品进行优先推荐，这在很大程度上可提高用户的购买转化率甚至增加重复购买。在网站利用智能机器人时调用，可基于用户画像对用户设定咨询应答策略，便于快速理解用户意图、开展针对性商品评测或商品推荐、个性化关怀等，在大幅提升智能机器人的智能水平和服务水平的同时，也提高用户对商城的忠诚度及黏性。可见，借助快速发展的信息化平台和网络技术，不仅要便捷、快速地获取档案资源，更要提升信息资源价值应用水平，全面、深入获取档案资源的信息价值，为使用者创造难以预计的可观收益。

（二）档案数字化建设及应用管理中的常见问题

1.档案管理应用不足

一是档案管理规范不统一。即使是同一单位的不同部门之间也可能存在档案格式不统一、不规范的情况，即便实现了档案管理的电子化、数据化，然而因为档案管理未实现统一规范，造成了信息资源应用的壁垒；二是应用与业务融合不足。大多数单位的档案应用往往局限于后勤、行政管理业务，仅实现了档案的管理应用，未对档案中的信息价值进行挖掘分析，未将档案的资源价值与企业的业务应用深度融合。

2.复合型人才队伍建设相对滞后

档案数字化不仅涉及基础管理知识，还涉及网络应用与信息安全防护技术，需要管理人员具备较高的理论知识与实践技能水平。然而时下的一些单位在数字化建设过程中将重点集中于信息化硬件设施的配备与安装上，却忽略了人的"软件"因素；部分档案管理人员缺乏对网络与信息技术的基本认知，对数字化管理的认知和熟悉程度有限，在具体管理过程中难以发挥应有的技术优势。

3.安全防护不足

网络时代掌握了信息便是掌握了先机。档案安全防护是一个系统工程，数据采集、传输、存储、应用等环节环环相扣，大数据、云技术在数字化档案存储及管理中的应用，在带来便利的同时也带来了更多的网络风险。任何一个环节的安全防护不足都可能使敏感信息泄漏，从而造成企业甚至国家的重大损失。

（三）全面提升档案数字化建设及应用管理水平

1.提高数字化支撑能力

一是规范管理标准。从档案管理建设初期进行规划，建立统一制度用以规范档案采集、存储、使用各环节标准，最大限度地避免信息壁垒的产生；二是提升档案管理数字化水平，推进信息资源在业务中的应用，通过加装数据转换装置、扩展数据接口等方式实现档案资源与业务的融合；三是持续开展档案管理数字化、智能化建设，利用前沿技术不断创新数字化档案的应用方式，通过大数据、云计算、人工智能等技术开展数据挖掘分析工作，提升档案信息资源的应用价值。

2. 提升管理队伍的综合素质水平

要实现档案管理数字化，不仅需要既有档案管理知识又兼有网络与信息技术的复合型人才，更需要全面普及数字化管理理念，要求非档案管理岗位人员同样了解和掌握相应的档案信息化理论与实践技能。一是提升内部能力。定期聘请信息管理、网络安全等领域的专家开展面向全员的专题讲座、技能培训；开展相应竞赛活动，以赛促学，提升管理人员的学习主观能动性。二是强化外部支撑。与先进管理企业开展交流合作，拓展技术及业务领域知识，发现自身不足并落实相关提升措施。

3. 做好安全防护

信息资源是国民经济和社会发展的三大战略资源之一，建立安全可靠的档案管理系统有助于敏感信息的保护及信息资源的应用，应当明确数据采集、传输、存储、应用等各环节的网络安全防护边界，以及责任主体和防护要求。一是做好网络边界防护。企业中的档案管理系统与业务平台往往存在不少数据接口，数据的交互与网络跨区服务通常使得档案管理平台成为安全防护的薄弱点，应在档案系统建设规划中采用可靠的网络安全产品及服务，提升档案系统关键设备的防护水平。二是深化态势感知能力及防护体系建设。持续加强对档案系统的网络安全风险监测及预警，定期对档案系统开展漏洞修复与安全渗透测试，全面降低安全风险。三是做好系统防护。完善档案灾备体系、建立灾备系统；对系统使用人员进行分级，对权限进行最小化管理；增加面部识别、指纹或声纹识别等多因子认证途径，避免身份盗用风险。

做好档案数字化建设不只是构建统一、规范的管理系统，更要注重管理观念的数字化、网络化、系统化。档案数字化建设的实质，是借助网络与信息技术充分延伸档案管理应用的范围，在全面提升档案管理质量与效率的基础上，系统地对信息资源进行深入挖掘分析，使档案作为珍贵信息资源的应用价值成倍提升，不断实现价值再创造；同时强化信息资源服务于国民经济与社会发展的作用，提升信息资源战略意义。

第二节 电子档案管理

一、电子档案管理的基础保障

（一）数据安全

在无纸化时代，档案数据将全部存入计算机系统或移动硬盘中，常规情况下不会有丢失风险。但如果受到不可控的客观情况的影响，如电脑操作失误、硬件故障、软件漏洞、系统错误，就会造成档案数据不可用、不可读、数据损坏或丢失等问题。硬件越多，系统越庞大、软件越复杂、数据量越大，发生数据丢失的概率就越高。因此保障电子档案的数据安全，是电子档案信息安全管理工作的重中之重。而要保证电子档案的数据安全，就要做到对电子档案数据的真实、完整、可用和保密四项内容的保证。

①电子档案真实性保障的核心工作，是保证电子档案元数据（即用来描述信息的内容、物理状态、地址和类型等的结构化数据）的安全，保证电子档案在存储和使用时的元数据内容与归档时保持一致。值得注意的是，电子档案在长期保存过程中会面临迁移问题，而在迁移过程中极易造成对电子档案真实性的损害，因此在迁移过程中必须做到对元数据的有效保护。

元数据能够将不同平台之间的文件转换过程真实地记录下来，迁移文件需要改变文件的格式和编码方式或者更改载体形态时，元数据都将记载这些变化，并将保持与原文件之间的联系。这对于我们判断数据更新到不同技术平台后是否仍然可信是极为重要的，也是电子档案在进行数据迁移后仍能保证其真实性的体现。

②电子档案的完整性保障，一是要求系统能够根据元数据标准捕获任何需要归档保存的电子档案，同时能够体现电子档案与同一全宗内其他文件之间的有机联系。二是要求电子档案的内容、结构和背景信息三要素齐全。

③电子档案可用性的最终目标，是数字档案在长期保存过程中能够为利用者提供可识读和利用服务。具体来说，在保存过程中要保障电子档案在调出利用时能够有效读取，并能提供有效的读取工具。如果电子档案在读取过程中出现问题，那么其存储工作就失去了意义。而涉及加密的电子档案信息，要保证在解密或利用时能够提供有效的解密方式。

④电子档案信息的保密性，是指排除非法用户对数字档案的可能接触，使涉密数据不被泄露。在电脑软件系统的操作过程中，信息会不可避免地残留在某些终端端口，无意间流向网络，造成信息的外泄。国家机密档案一旦泄露，不但会造成国家财产方面的重大损失，严重的话甚至可能危害国家安全；公众的个人隐私泄露，会对个人权利与自由甚至利益带来不堪设想的后果。

要保证系统中的数据不泄露，除了要建立档案信息系统访问安全保密体系外，还应严格检查存储电子档案的应用系统、计算机、网络等软件设备的安全等级，以确保电子档案没有外泄的可能，保证其长期存储的安全系数。

（二）系统安全

电子档案只有依托于计算机系统才能实现有效识别，以保证其可读性。事实上不仅是在读取方面，无纸化时代的整个档案工作——从归档到利用都要依托于计算机系统来完成全部的有效管理。可以说，档案如果是"人"，那么档案系统就是"住宅楼"。因此，系统的安全可靠将直接影响电子档案信息的安全。系统的安全要满足以下条件：

第一，硬件安全。机房的安全等级必须要保证是最高级别的。系统的稳定运行除了依赖服务器，还要依靠交换机、路由器、集线器、光电转换等设备，这些硬件的安全都直接影响到电子档案的安全。除了正常的机房安保措施和环境保障以外，还需注意电磁及其他磁场对机房的干扰，还要保证电压稳定。只有服务器及其他硬件的安全得到有效保障，才能保证系统的平稳运行，从而保证电子档案的信息安全。

第二，软件安全。在档案管理系统正式启用之前，档案工作人员应配合软件维护人员进行多次系统测试，在保证系统运行稳定的情况下才可以投入使用。另外，软件在使用过程中应做到定期维护，以保证系统的平稳运行。

电子档案的归档格式虽已有国标规定，但读取软件依然驳杂，难以统一。档案系统在收入数字化档案的同时，应对其可读性进行检查，确认在系统运行过程中电子档案是可读的后，才可正常收入这些数字化档案信息。

第三，运行安全。在电子档案的生成、流转、鉴定、归档及迁移和利用过程中，系统应具有对数字档案进行跟踪、监控、审计的功能，可实时查看数字档案当前所处的位置和活动的执行情况，掌控用户对电子档案施加的各种操作行为，进而使系统始终保持对电子档案的管控。这种对电子档案整个生命周期所采取的监督和管控，可对违反安全策略的行为进行及时制止和纠正，为追查非法访问事件的发生时间和过程提供依据。

二、电子档案管理的技术保障

（一）访问控制技术

访问控制技术是为了防止电子档案系统遭到非法侵入而采用的用来限制进入者权限的技术。建立严格的访问权限体系，确定利用者的身份和权限，是访问控制技术的核心任务。在实际的电子档案网络安全管理过程中，访问控制技术通常采用设置数字档案网络访问权限的方法，利用对访问者进行身份鉴别的方式，结合访问权限体系确认利用者的档案利用权限，防止内部信息泄露和外部人员的非法入侵，更加方便地服务于拥有访问权限的访问用户。

（二）漏洞检测技术

随着网络应用技术的不断发展，各种应用漏洞和病毒也随之产生。针对不同应用系统的入侵病毒和漏洞的不断出现，对系统的平稳运行、数据的安全保障都存在一定的威胁。要提升电子档案信息的安全水平，"知己知彼"就显得十分重要了。电子档案管理系统应定期利用已知的攻击手段对系统进行扫描，通过生成的评估分析报告，参照网络提供的安全漏洞防护数据对系统内的安全漏洞进行扫描和自动修复。这项技术的应用有助于系统管理员及时发现并修复电子档案管理系统中存在的漏洞。

（三）数据迁移技术

数据迁移技术是定期将电子档案数据信息从一种格式转换为另一种格式，或定期将电子档案从旧载体转移至新载体，使电子档案能够适应技术的更新换代，在新的技术条件下也能够被读取和利用。可以说除了数据备份，数据迁移技术是最好的预防因服务器硬件出现老化或其他故障造成数据丢失问题的数据转移方式。由于技术的与时俱进及设施设备的不断升级，因此需要对数字档案进行不断迁移才能使其作为社会历史记忆长久保存下来。同时，数字档案迁移之后还可能在新的技术平台中产生新的功能，使数据信息在新环境下仍能保证其可读性。

电子档案在迁移过程中要遵循三个原则：第一是要将数字信息从稳定性低的媒体上迁移到稳定性更高的媒体上；第二是从对软件依赖性强的格式迁移到对软件依赖程度低的格式上；第三是格式标准化，即将数字信息从多种格式迁移到标准、统一、易读取的标准化格式中。

（四）防火墙技术

所谓防火墙，指的是一个由软件和硬件设备组合而成，在内部网和外部网之间、专用网与公共网之间的界面上构造的保护屏障。防火墙是一种保证计算机网络安全的技术性措施，它通过在网络边界上建立相应的网络通信监控系统来隔离内部和外部网络，既可以阻挡来自外部的网络病毒入侵，又可以阻断外界对内部档案管理系统的操控，以防止电子档案数据信息的访问、窥视、篡改和丢失等现象的发生。

防火墙技术作为最广泛、最简便也是最有效的数据信息安防手段，能够有效阻止来自网络外部的入侵，降低系统崩溃风险，是可依赖的信息安全保障手段。

三、制定电子档案信息安全管理应急预案

无纸化时代实行单套制的档案存储方式，决定了它将比双套制档案管理时代更依赖信息安全技术保障。但常规的技术保障也是依赖于计算机系统实现的，其在不可抗力或其他紧急情况下无法完全发挥作用，这就决定了在单套制的电子档案信息管理工作中必须要做好应急预案。建立电子档案安全应急机制，能够有效提高档案馆对突发事件的应急处理能力。制定一套完善、科学的数字档案应急处理机制，可以保证在灾难发生时电子档案保管机构的管理人员明确灾难治理工作中自身的权利与责任，在特殊情况下仍能保证档案信息的安全与利用畅通。

制定电子档案信息安全管理应急预案应遵循以下原则：

（一）实用性原则

建立电子档案信息安全管理应急预案，应结合当地和本单位的实际情况，一定要做到因地制宜。如在地震多发地，就应多做地震方面的安全管理应急预案；在海边或水灾多发地，应多做水灾方面的应急预案。制定的应急预案必须便于操作和运行，合理调用工作人员，做到全员参与，快速行动，省时高效，安全可靠。

（二）时效性原则

计算机技术的迅猛发展也导致了计算机病毒和其他入侵手段的增强。电子档案所遭受的威胁会随着科技发展而变化，因此应急预案也不能一成不变，要根据所处环境和科技背景做相应的调整和变化。当新的科学技术能够很好地应

用于电子档案信息保护工作时，一定要将新技术融入应急预案中，保持应急预案的时效性。

（三）全面性原则

制定电子档案信息安全管理应急预案应兼顾全时段、全过程、全范围的全面性原则。全时段是指应急预案的应对时段应覆盖全天时长，也就是 24 小时且节假日也应该考虑在内，不能用仅考虑工作时间的应急预案；全过程是指应急预案应囊括灾情预判和灾情预防、灾中抢救和灾后处置、灾后恢复等灾情发生全过程；全范围是指应急预案应考虑到威胁电子档案信息安全因素的不确定性和复杂性，针对不同类型的威胁，应急预案应从全局角度出发，系统考虑并应对来自各方面的信息安全威胁，以建立一套完整的应急预案。

第三节　档案信息管理系统开发

一、与信息系统实施有关的基本要素

（一）项目组织

项目组织与团队建设是项目启动工作的重要内容，也是决定整个项目能否成功的关键因素，每一个项目的实施都涉及多方面的组织或个人的参与。为了确保项目的进度，把好项目的质量关，控制项目的资金投入，监理方通常被聘请过来全面监督项目的执行。因此，项目的实施至少会涉及建设方、用户方和监理方三方的利益。

第一，建设方。建设方指承担信息系统建设的集成商或软件系统的开发商，其职责是提供商品化产品，为客户提供信息化解决方案，根据需要进行客户化定制、实施、操作等工作，以及实施软件系统并开展必要的咨询和培训等工作。

第二，用户方。客户是项目承担的主要对象，是档案信息管理系统实施与使用的最终机构。其主要的职责是，根据自己的需要设立项目，并选择供应商、开发商及软硬件产品。客户是项目的出资方，也是项目成果的使用商，是最终的项目受益者。

第三，监理方。监理方指指客户出资聘请的项目实施顾问和项目建设质量监督方，对客户负责。其主要职责是监督和控制整个系统建设的进度、成本、质量等综合要素，维护用户的权益，降低系统建设的成本和风险，提高系统实施的成功率。

总之，项目的成功开发需要协调这些利益相关者之间的关系，选择平衡点，最大限度地调动所有参与者的积极性，减少项目实施过程中的阻力。

（二）项目团队

项目的开发需要人才，这就需要建立一支强有力的工作团队，并有组织地展开建设。项目团队涉及的面很广，几乎包括了所有的项目相关者，在项目实施的每个阶段也将组织相关的团体。在项目启动前成立项目委员会来分析项目的可行性，而在项目的执行过程中，项目经理则起着举足轻重的作用。

当前，在我国开展档案的信息化建设基本形成了两套体系：一套是开展信息化建设和运行维护的信息管理组织体系；另一套是当前已经存在的行政及业务管理组织体系。其主要原因是业务管理和信息化应用没有真正融为一体，在业务管理和信息化应用方面存在着观念和认识上的差异。立项的管理模式是将二者合二为一，这就要求负责档案管理的领导是既懂档案业务又懂信息化业务的复合型人才，要求信息化管理机构中的每一个员工都要把档案业务和信息化管理结合起来开展工作。

（三）项目资源

资源包括的内容很广泛，它包括自然资源、内部资源、外部资源、有形资源和无形资源。这里所强调的资源不仅包括支撑项目开发的人力资源、资金资源、技术资源、环境资源，也包括档案信息化建设过程中将不断产生的IT资源，如网络、服务器等硬件设备，操作系统、应用系统等软件资源，同时还包括档案信息资源。因此，档案工作人员不但要管好、用好能看得见的设备资源，也要学会管好、用好软件资源。在项目开发的不同阶段，对资源的需求在不断地变化，有些资源用完要及时追加，任何资源积压、滞留或短缺问题都会给项目带来损失，各类资源的合理、高效使用对项目管理尤为重要。

（四）项目的进展

有关项目进展情况的计划需要根据项目的目标要求来制订，然后才能实施项目。这些计划对供应商、开发商以及档案管理人员的工作进度都有明确的要求。事实上，在档案信息化建设过程中，由于档案机构内部人员的不配合、工作繁忙、需求变化等影响项目进度的情况比较常见。因此在项目的实施过程中，要求每一个参与此项工作的人员都要明确自己的职责、工作进度要求，只有这样才能保证项目的顺利进行。

（五）项目的质量

质量在信息系统管理中起着举足轻重的作用，它的好坏直接关系着档案管理机构的根本利益，同时也影响着供应商和开发商的声誉。应该说参与项目的每一个成员都希望获得理想的实施效果，这也关系到客户的最终满意度。在进行信息化的过程中，要想保证产品的质量，就必须严把质量关，加强质量监控，落实阶段目标。只有保证了每个阶段的质量，才有可能保证最终的项目质量。另外，由于参与项目的多方机构和人员对信息化项目的认知程度很难达到完全统一，质量的标准也不完全一样，即使用户在当前满意，也可能在短时间内满意度就会改变。因此，加强开发商与用户的沟通、交流并使之达成共识仍然是保证项目质量的有效方法。

二、系统规划

系统规划是项目工作实现前瞻性、全局性的第一步。档案信息化建设的高层行政管理人员和高层信息管理人员是系统规划的主要成员，其主要任务是确定系统实施的目标、系统的体系结构、系统实施方案和实施过程中的资源计划。因此，参与系统规划的人员对档案业务、现代化管理知识和信息技术的掌握程度以及他们的创新精神和务实态度，是有效开展系统规划的基础。

系统规划阶段所做的主要工作有：工作团队的组织、系统实施进程计划、信息系统部署方案的确定以及资金的分配使用方案，还包括人力资源、行政管理、技术支持的协同以及对项目实施过程的风险估计。

三、系统开发

系统开发是信息系统建设工作的核心，这一阶段的工作是由承担信息化建设的软件供应商来完成的。档案馆工作者的主要任务是提出目标阶段的需求，档案馆的技术支持人员则在业务工作者和开发人员之间起到沟通桥梁的作用，并解决系统开发过程中出现的问题。

分析市场的需要是项目开发的最终目的，因此，项目开发的基本任务是了解市场需要什么样的软件系统，该软件系统具有什么样的功能，这些功能的优缺点是什么等。尽管项目在启动时已经确立了系统开发的目标，但这个目标相对来说是宏观的、抽象的，具体细节并不明确，因此明确市场需要将会对目标系统提出完整、准确、具体的要求。

需求分析阶段主要涉及三类人员，即档案业务的管理人员、管理信息系统的研发人员、系统的实施人员，这一阶段的主要任务是加强沟通和交流。这一阶段对档案业务管理人员的要求是，能够准确地描述当前及未来的业务发展需要，系统分析并能够准确地理解、认识业务需求，必要时可以借助自身的工作经验对客户进行启发和引导，让他们说出自身更深层次的业务需求，以指导今后的开发工作。需求分析阶段的工作内容主要包括以下几个方面：

（一）对组织结构的调研分析

了解用户单位当前的机构设置与管理模式，充分分析其系统利用的合理性、完整性及运作的有效性，用以确定信息系统的体系结构，包括系统的运行结构、功能框架结构和系统的总体部署方案。

（二）对实际需要的调研分析

以用户的需要为出发点，充分考虑用户对软件的实际需要。编写可满足用户需求的规格说明书以及用户手册，包括对目标系统外部行为的完整描述，需求验证的标准，用户对系统的性能、质量、可维护性等方面的要求，以及用户界面描述和目标系统的使用方法等。

（三）对信息化现状的调研分析

在充分调研的基础上，了解归档单位与档案馆目前的硬件和软件运行环境、当前应用系统的使用情况、当前的数据格式和数据规范性、数据的处理方式等；根据数据迁移和数据导入导出的需求，确定进行二次开发或系统实施过程中的具体工作、任务以及对软硬件系统的需求。

四、系统设计

（一）软件系统设计

软件系统设计的首要任务是进行体系结构的设计，在此基础上逐步完成详细的设计工作，把设计的风险降到最低程度。虽然一个良好的软件结构设计不一定能产生令人满意的软件，但一个非常差的软件结构设计一定会导致软件项目的失败。因此，应高度重视软件的设计工作。

（二）软件的编码

编码就是软件系统实例化的具体过程。在完成系统分析和设计工作之后，信息系统的运行结构、模块结构和数据组成已基本确定，下面的工作就是把系统设计的结果翻译成基于某种计算机语言的程序及信息系统代码。这一阶段的任务是将需求分析和系统设计的结果与内容转换为用户需要的实际应用软件。

（三）系统的自测试

进行软件测试是系统开发过程中非常重要的环节，是系统实施阶段的一项重要工作。开发人员进行系统自测试的目的是尽可能多地发现和修正系统设计和系统编码过程中的错误。开发人员在自测试阶段发现的问题越多，所交付的目标系统的质量就越高，后期纠错型的维护工作就越少。

五、系统的实施

系统的实施就是软件系统的客户化定制过程，这一时期的主要任务是建立能满足需要的软件系统。其工作内容主要包括客户化的定制、系统的测试、系统的试运行等，还包括数据的导入与客户的培训等工作。系统实施阶段主要包括以下几方面的任务：

（一）对软件系统的针对性定制

对软件系统的针对性定制主要包括四项内容：一是框架定义，即根据用户的业务需求建立系统总体框架结构，比如按照档案的门类进行系统分类，按照信息分类方式或者按照用户自己的管理方式进行分类定制；二是数据库结构定义，即按照每一个档案门类确定系统的属性、操作方式等；三是业务流程的定义，即按照档案业务流程定义系统的功能；四是用户模型定义，即按照实施单位用户操作系统的功能和数据权限建立用户模型并授予其操作权限。

（二）数据的整合

在系统的使用过程中，数据的迁移、载入等工作是需要软件供应商来帮助完成的，而用户单位的主要工作是定制数据的管理规则、严把实施过程关，并采取严格的档案保密措施，保证档案信息的安全。这一内容是系统实施过程中工作量较大的部分，是最容易被忽略的部分，同时也是最容易出现问题的部分。档案管理部门应充分认识到这一点，并在实际工作中给予其足够的重视。如果原有的数据不能迁移到系统中，新系统的实施工作就等于失败。

（三）系统的检测试用

当客户定制了新的软件系统并把原有的数据迁移、装载完成后，一个新的应用系统就建立起来了。在这一工作过程中，首先由供应商或软件开发人员对系统的原形进行全面的测试；其次，测试的过程中一定要按照对软件的要求严格测试，由建立单位严格把关，并从专家的角度提出测试意见和改进意见；最后，由用户单位的档案管理人员根据最初双方形成的分析报告中规定的系统功能进行测试，如果测试没有问题则进入试运行阶段。

对用户来说，试用和测试新软件的过程非常重要，它不但是检验软件系统的过程，同时也是对一个系统进行学习、理解和接受先进管理理念的过程。因此，要求所有的用户积极地参与并提出合理的建议，以便软件开发商对软件中不合理的部分及时改进，通过不断地升级更新并试运行一段时间后确定一个用户系统的运行版本，最终达到满足用户需要的目的。

六、系统的应用和人员培训

（一）对管理人员的培训

根据档案管理系统对各类管理人员的要求，结合用户对计算机操作系统、网络知识、数据库知识的掌握程度，并根据信息系统管理人员的工作内容进行分期培训，以适应新系统对档案用户的要求。

（二）系统的操作培训

结合用户操作手册对用户进行有针对性的培训，确保每个用户都能够在自己的权限范围内完成正常的系统与业务操作。在结束对业务人员的培训后要进行上岗前的考试，其目的是督促其掌握培训内容。在系统各级操作人员对应掌握的内容都掌握后，用备份的数据库文件替换用户培训时使用的数据库文件，使系统投入试运行。

（三）系统信息的归档

一是整理此次系统实施的架构模型，特别是基础数据表、工作流程，形成本单位独有的系统运行模式，并将本单位的数据库结构进行拷贝和归档，以供未来使用。二是建立客户信息档案，将其系统实施基本情况、使用系统版本情况等进行归档；同时将数据库结构一同刻录成光盘进行归档，为以后系统的升级维护奠定基础。

（四）系统的实施切换

当用户得到一个可以真正接受的系统后，就可以实施系统的正式切换了。也就是说，可以正式利用新系统开展工作。为了保证数据的准确性以及防止数据丢失，在开始应用新系统工作时不急于将原有的系统毁掉，应在使用新系统后继续保留原系统一段时间，在确保没有丢失数据后再彻底停止对原有系统的使用。在实施系统切换的过程中，一定要将系统试运行阶段的部分数据及时装载到新系统中。

七、系统的检测和验收

档案信息系统项目的验收标志着该系统已经得到用户的认可，同时也标志着系统实施工作将要结束。在这一阶段，项目实施单位的工作内容：对在此项目实施过程中一些特殊的信息资料，如增加的新的档案类型的数据库模板、增加的新的功能模块等，要及时进行整理，以便归档。整理的信息资料可以作为项目验收依据，比如使用说明书、变更登记、用户手册等。另一项工作是编写项目验收文档，结合项目合同和需求说明书的内容，整理出验收的内容、目前的运行情况及验收的标准。

这一阶段客户方的主要工作内容：成立项目机构，其主要职责是按照验收申请报告、项目合同、系统试运行报告、需求说明书等材料，结合系统的现场使用情况和递交给用户的资料，检查实施工作是否达到了合同中规定的要求。另一项工作是进行项目的验收。由项目验收机构对系统实施的现场进行实地考察，检查各项实施工作。如果各项工作都已达到了合同中规定的要求，即验收通过；对于不符合要求的项目，要提出改进和完善的建议。

八、对系统的评价

档案信息系统投入使用并运行一段时间后，用户和开发商可根据双方的合作协议及共同认可的需求分析报告、系统设计方案及相关要求，对系统进行综合分析与评价。评价的内容包括：主要从实用与适用的程度，分析较之以前的手工管理方式，效率是否有明显的提高，目前已解决了哪些问题，使用是否方便，是否达到了预期的效果。如果与最初设定的目标相差甚远，尽管满足了一些实用功能要求，也不能算是有效的实施。当然在最初设定阶段目标时，也应该采取由小及大的方法，不断扩大成果的应用范围。

一般情况下，衡量档案信息系统是否成功主要有以下五种情况：

第一，档案信息系统实施完全成功，即项目的各项指标都已经完全达到或超过了预期设定的目标。

第二，档案信息系统的实施是成功的，即项目的大部分目标已经实现，基本上达到了预期的要求。

第三，档案信息系统的实施只有部分成功，即项目实施实现了原定的部分指标，没有达到预期的目标。

第四，档案信息系统的实施是不成功的，即项目实现的目标非常有限，根本没有达到预期的目标。

第五，档案信息系统的实施是失败的，即项目的目标没有实现，必须终止项目。

总之，对档案信息系统的评价结论是档案工作者应该十分重视的工作之一，应当从评价信息中吸取档案管理信息系统实施过程中的经验和教训，以提高今后系统建设的成功率，从而提升档案管理信息系统的时效性。

第六章　互联网时代的档案信息化建设

第一节　网络技术与档案管理网络化

当前，档案机构内部的局域网已经普遍建立，而且各级档案机构纷纷建立了自己的档案网站，档案管理的环境已经由模拟环境变为数字环境。档案管理的数字化和网络化提高了档案事业信息化发展的整体水平。

一、计算机网络概述

网络技术是计算机技术和通信技术高速发展、密切结合的产物，计算机网络是将不同地理位置且具有独立功能的多台计算机终端及其附属设备，用通信线路连接起来并配备相应的网络软件而组成的计算机系统的集合。

（一）网络的组成和结构

1. 网络的组成

计算机网络由数据传输系统和数据处理系统组成。数据传输系统又叫通信子系统，包括通信传输线路、设备，通信传输规程、协议及通信软件等，其任务是进行数据传输、交换和通信处理等。数据处理系统包括计算机、大容量存储器、数据库、各种输入输出装置及软件等，其任务是进行数据输入、存贮、加工处理和输出等。

2. 网络的结构

网络的结构主要有如下几种基本形式：

第一，总线形，即各节点设备与一根总线相连。这种结构的网络可靠性高，单个节点出故障时对整个系统影响不大。另外，节点设备的插入或拆卸十分方便。

第二，环形，这种结构采用点对点式通信，将各节点连接成环状。网络中各主计算机地位相同，通信线路和设备比较节省，网络管理软件比较简单。但网络的吞吐能力差，只适于在较小范围内应用。

第三，星形，即每个节点通过连接线与中央节点相连。中央节点是控制中心，相邻节点之间的通信要通过中央节点来实现。这种结构的网络比较经济，但可靠性较差，若中央节点出故障，整个网络将瘫痪。

第四，树形，即各个节点按层次展开，由各级主计算机分散控制。各级主计算机都能独立处理业务，但最高层次的主计算机有统管整个网络的能力。这种结构的网络通信线路连接比较简单，网络管理软件也不复杂，维护方便。但各个节点之间很少有信息流通，资源共享能力较差。

第五，网状形，即各节点通过通信线路连接成不规则的形状。网络中没有统管整个网络的主节点，通信控制功能分散在各个节点中，具有较高的可靠性，某一个节点发生故障不会影响到整个网络。这种结构的网络资源共享方便，但网络管理软件比较复杂。

大型计算机网络系统的结构更为复杂，往往是上述几种基本结构中某几种的结合。

（二）网络的类型

1. 按网络结构，分为集中式网络和分布式网络

集中式网络是由中央主机统一控制整个网络的一种网络形式。它的优点是：网络资源、人员和设备可以集中管理、使用，比较经济。但如果中央主机或通信线路出现故障，整个网络的功能都会受到影响，网络的可靠性不高。

分布式网络没有统管整个网络的中央主机，而是由各个节点分散控制。其优点是：资源共享能力强，网络可靠性高。但网络控制软件复杂，网络的协调性较差。

2. 按网络连接区域范围，分为广域网、局域网和城域网

广域网（Wide Area Network，简称 WAN）在地理覆盖范围上很广，通常包括一个国家或洲，甚至是全球范围，如国际网络。主机通过通信子网连接。子网的功能是把消息从一台主机传到另一台主机，就好像电话系统把声音从讲话方传到接收方。

局域网（Local Area Network，简称 LAN）是在一个局部的地理范围内（如一个学校、工厂和机关内），将各种计算机、外部设备和数据库等互相连接起来的计算机网络。它可以通过数据通信网或专用数据电路与远方的局域网、数据库或处理中心相连接，构成一个大范围的信息处理系统。局域网常被用于连

接机关内部各个部门、公司办公室或工厂里的个人计算机和工作站，以便共享资源和交换信息。

城域网（Metropolitan Area Network，简称MAN）是一种大型的局域网，与局域网技术相似。它是在一个城市范围内建立的计算机通信网，或是在物理上使用城市基础电信设施（如地下光缆系统）的网络。

3. 按所用的通信线路，分为专用网络和公用网络

专用网络是专门建立的通信网络，通信线路为网络成员所有。这种网络规模不大，建设耗资巨大。公用网络是借助公用通信线路建立的网络，如借助电话网、卫星通信等。这种网络的建设成本低，可进行远距离传输，但其建设速度和应用范围依赖于国家通信设施的完善和通信技术的发展。

二、档案管理网络化

档案管理网络化是网络技术应用于档案管理系统的结果，也是档案管理适应社会信息化发展的必然趋势。档案管理网络化的基本前提，是档案管理的计算机化以及档案资源的数字化。档案管理网络是由多个计算机档案管理系统通过通信线路连接起来的复合系统。各个大型档案机构的计算机成为网络中的节点，每个节点连接许多终端；各个节点通过通信线路连接起来，形成了一个纵横交错的档案管理网络系统。

（一）档案管理网络化的条件

1. 资金与设备条件

档案管理网络化建设需要投入大量的资金和设备，这是首要条件。我国经济发达地区，如珠三角、长三角、环渤海湾等地区的档案事业发展有强大的地方经济实力作为后盾，档案工作的现代化程度较高，档案管理计算机化、网络化和信息化水平领先于全国其他地区。而我国中、西部地区的地方财力十分有限，制约了当地档案管理网络化的发展。因此，档案部门除了争取各级政府的支持以外，还需要广开渠道，争取社会各界的支持，如企业投资和私人捐资等。

2. 技术与人员条件

档案部门需要引进国内外先进的技术，培养既通晓档案业务又掌握现代技术的专业人才。目前我国在进行档案管理网络建设、推进档案事业信息化发展的过程中，应对现代信息技术和人才的引进持积极、开放的态度，并善于借鉴

图书情报部门网络化建设的成熟技术和成功经验，培养、吸引具有创新意识、具备现代信息技术和复合知识的现代档案管理人才。

3.数据库的建设与发展状况

数据库的建设与发展是实现档案管理网络化的基础，网络资源共享的主要形式是对数据库中档案信息资源的共享。我国档案数据库标准化程度低，数据规模不大，质量有待提高。根据《全国档案事业信息化建设实施纲要》的规划，到"十五"末，我国省级档案馆的全部馆藏档案案卷级目录都要实现机检，重要全宗档案逐步实现文件级目录机检。

我国需要进一步加强档案目录数据库、档案目录中心建设，提高数据库的质量和标准化水平。应规范档案数字化与网络化建设，按照共建共享、互联互通的要求，建立和完善国家档案信息目录数据库、纸质档案全文数据库和多媒体档案数据库等各类档案数据库。

（二）网络档案管理信息系统的运行模式

1.Client/Server（客户机 / 服务器）运行模式

Client/Server 模式（C/S 模式）即客户机 / 服务器模式，是 20 世纪 90 年代初期继终端 / 主机运行模式之后出现的一种普遍应用的网络应用系统结构。该模式克服了原来只有主机执行操作、计算和存贮数据的数据集中管理方式所带来的弊端，使客户机能承担一部分计算和操作功能，大大减轻了服务器的运行负荷；具有分布式系统分担负荷的优越性，结构简单，对外部网络不具有依赖性，主要用于机构内部局域网。

C/S 模式的工作原理是：将应用系统的任务进行分解，服务器（后台）负责数据管理和处理，客户端（前台）负责档案管理业务处理和与用户的交互工作。在运行过程中，客户端向服务器发出请求，服务器将数据进行处理后传回客户端。该模式的缺陷是：在处理复杂任务时客户端的负荷较重，使用单一服务器且以局域网为中心，软硬件组合及集成能力有限。

2.Browser/Server（浏览器 / 服务器）运行模式

Browser/Server 模式（B/S 模式）即浏览器 / 服务器运行模式，是基于 Web（World Wide Web，即全球广域网）的运行模式。该模式是在 TCP/IP 协议支持下，以 HTTP（Hyper Text Transfer Protocol，即超文本传输协议）为传输协议，客户端通过浏览器访问 Web 服务器以及与之相连的后台数据库的技术结构和运行模式。

B/S 模式由浏览器、Web 服务器、应用服务器和数据库服务器构成，其工作原理是：客户端浏览器通过 URL（Uniform Resource Locator，即统一资源定位系统）访问 Web 服务器，Web 服务器请求数据库服务器，并将获得的结果以 HTML（Hyper Text Markup Language，即超文本标记语言）的形式返回客户端浏览器。

B/S 模式的优点是：①简化了客户端，只需要装上操作系统、网络协议软件以及浏览器即可。②服务器集中了所有的应用逻辑，减少了系统维护与升级的成本与工作量。③系统的可操作性增强，同时减少了系统的培训任务。④提高了系统数据的安全性。所有用户只对应用服务器进行直接访问，减少了数据库登录点的数目。⑤具有较强的信息发布能力。B/S 模式的主要缺陷是，其运行速度直接受到网络带宽和网络流量的限制。

3. 结合 C/S 和 B/S 两种模式的网络档案管理信息系统结构

如上所述，C/S 和 B/S 模式各有其优点和缺陷。为了保证档案部门内部局域网的安全，提高档案部门接收外部数据和向外传送数据的效率，可结合使用 C/S 和 B/S 两种模式，扬长避短。档案机构内部局域网可采用 C/S 模式，连接档案馆的各个科室，实现硬件和软件资源共享，提高工作效率；档案机构接收外部数据和发布数据，提供远程档案信息检索服务时，则适合采用 B/S 模式。

（三）档案部门内部局域网

随着计算机技术、网络技术的发展和普及，20 世纪 90 年代中后期以来，我国档案部门逐步建立了局域网，实现了机构内部硬件资源和软件资源的共享，以及对档案信息的综合管理和利用。

1. 档案部门内部局域网的模式

档案馆内部局域网连接档案馆的各个科室，实现办公自动化和文档一体化；提供计算机档案检索服务，实现档案借阅管理和库房管理的自动化，提高档案工作的效率。

对于企事业单位的档案管理而言，一般通过局域网使档案管理系统与本单位的其他信息管理系统进行连接，实现企事业单位的档案与其他各类信息资源的综合管理。这种模式可称为集成管理模式，即将档案管理系统纳入企事业单位的信息管理系统中去。根据集成的方式不同，可分为横向集成和纵向集成两种方式。

横向集成，是将属于同一组织级别的若干个部门的档案数据进行集成，实现数据共享和综合管理。如将档案管理系统集成到企业管理信息系统和办公自动化系统中。

纵向集成，是将属于不同组织级别的档案数据进行集成，实现综合管理，如建立档案目录中心或信息中心。档案目录中心是以国家综合档案馆馆藏档案目录为主体，将本地区、本系统各级各类档案部门所形成的档案目录，按照统一的著录格式和数据规范集中起来并形成统一的目录检索体系，利用局域网或广域网进行查询。建设目录中心的目的是将分散保存的档案目录进行联网，供用户了解其所在位置，便于提供利用。这是档案信息化建设的一项基本任务。信息中心是指在一个企业或事业单位内部，实行图书、情报、资料、档案等文献资源的综合管理，从而实现对各类信息资源进行综合利用的目的。

2. 档案部门内部局域网的结构及功能

局域网的结构一般以总线形结构为主，因为总线形网络结构连接简单，增加或减少节点方便。

档案管理系统网络版的业务功能包括：

第一，文件流转管理（文件起草、批转、收发文登记等）。

第二，辅助立卷和鉴定。

第三，档案编目和检索。

第四，档案借阅和统计。

第五，档案的库房管理。

第六，系统管理（用户管理、安全防护、备份与恢复等）。

第二节　移动互联网环境下档案信息资源的开发与利用

移动互联网环境下档案馆在面临新挑战的同时，也蕴含着档案信息资源开发与利用的巨大契机，我们要顺应潮流，进一步提升利用者服务水平。档案作为信息具有社会契约性，做好新时期的档案资源开发与利用工作对促进社会公平、实现档案价值有着重要意义。

一、移动互联网环境下档案信息资源开发与利用的概念

移动互联网是移动无线通信和互联网融合的产物，既具有移动通信随时、随地、随身的特点，又具有互联网开放、共享、互动的特点，形成了泛在、跨界、互动、点对面、一个人对无数受众的信息传播特点，使信息以令人惊叹的

速度在难以估量的范围内传递。目前，档案界对档案信息资源开发与利用概念的普遍观点是，"尽可能地挖掘潜在的档案信息，以满足利用需要的劳动过程。这一劳动过程主要由收集、整理、鉴定、编目、编研等工作环节组成"。

综合以上两点我们认为，移动互联网环境下的档案信息资源开发与利用，就是利用移动互联网技术开发并通过以手机为代表的移动设备向用户提供所需档案信息的过程。一方面，移动互联网环境下的档案信息资源开发与利用是对已有档案信息资源利用服务的补充，主要体现为档案利用的自由度加强，用户可以随时随地利用档案，进一步打破了时空限制；另一方面，移动互联网环境下图片、视频等档案信息直观、易懂的特点使得档案信息资源的利用变得更加简单、自由，真正实现了随时、随地、随身利用。可以说，移动互联网环境为档案信息资源开发与利用带来了新的契机与挑战。

二、移动互联网环境下档案信息资源开发与利用的主、客体及目标

利用是一个满足需要的过程，档案信息资源利用的实现首先需要档案馆（主体）进行信息开发、传播；而后需要利用者（客体）有利用需求；最后主体提供的档案信息恰好或在一定程度上能与客体的需要相契合。移动互联网环境下，档案信息资源开发与利用的主体、客体、目标都发生了一定的变化。

（一）主体

档案馆是永久保管档案的基地，拥有丰富的档案信息资源，是档案信息资源开发的主体。其中综合性档案馆较其他档案馆在人才、资源方面具有独特的优势，是档案信息资源开发与利用的主要力量，本节所说档案馆特指综合性档案馆。移动互联网环境下，许多档案馆推出了手机短信、微信、微博等微媒体服务，也有少数档案馆开发了 APP 提供档案服务。但是，一方面，对移动互联网这一新环境档案馆没有经验可以借鉴，各馆都处于"摸着石头过河"的阶段；另一方面，从"档案保管者"到"信息开发者"的角色转变和档案数量的激增，服务方式众多与档案馆既定的人力、物力资源不足，导致一些档案馆面对新环境力不从心，出现了"有数量没质量"的情况。

（二）客体

档案利用者产生档案利用需求，是档案馆的服务对象。在移动互联网环境下，一方面，档案利用者的利用范围在整体上有所扩展，更多的群体可以通过

档案馆的微信公众号、微博、APP 等途径利用档案，实现其参考价值；另一方面，档案利用需求具有"刚性律"[①]，刚性档案需求的利用者变化较少，而这些刚性需求的利用者是档案馆的主要服务对象。在移动互联网大浪潮下，档案馆工作人员要时刻保持冷静，处理好"为谁服务，以谁为主"的问题。

（三）目标

档案信息资源开发与利用的目标，是将主体与客体结合以满足利用者的信息需求。在移动互联网环境下，这一目标是在满足利用者需求的基础上使利用者的利用更加简单、自由，并进而促进利用者的利用。在移动互联网环境下，分析用户的档案信息需求，合理选题选材，并通过移动互联网将开发出来的档案信息资源以简单、便捷的方式提供给用户。满足利用需求、提升客户体验是移动互联网环境下档案信息资源开发与利用的最终目标。

三、移动互联网环境下档案信息资源开发与利用的特征

移动互联网环境下档案信息资源开发与利用有了一些新的特征，只有把握变化才能更好地适应这一环境。

（一）空间上的移动性

移动环境指的是人或物处在不断变化的空间环境中。在移动信息服务过程中，用户及其所持终端是处于移动状态的，总是跨越不同地点、跨越不同情境。一方面，这一特点为档案利用提供了便捷，用户获得和利用档案信息的空间自由度加强；另一方面，对档案利用工作提出了挑战：移动空间环境中的干扰因素增加，用户的档案信息利用呈现出碎片化趋势，对档案信息的质量要求更高；移动环境对无线网络、信息传输等的技术要求也更高。

（二）时间上的碎片化

空间的移动性导致档案信息资源利用时间的碎片化，这一特点在实现了随时利用的同时，对档案信息资源开发者提出了新的要求。移动互联网环境下人们已经进入"读图时代"，档案信息资源开发形式应该与时俱进，图片、小视频成为受欢迎的形式。另外，阅读时间碎片化对档案信息资源的内容也产生了一定影响，人们更加倾向于阅读简单、娱乐性的内容。所以档案信息资源开发者应该把握住移动互联网环境下的新特点，提供用户需要的内容。

---

① 刚性律: 刚性是相对于弹性的概念,档案信息的利用多表现为解决某一特定问题必须用特定的信息。

（三）用户主导档案信息资源开发

移动互联网环境下网民的"话语权"得到增强，更加有利于表达自身诉求。传统的由档案馆主导的档案信息资源开发逐渐向用户主导转变，一些类似于"我需要的档案信息"的调查活动使用户加入对档案信息资源开发的"选题""选材""编辑"，甚至是宣传推广工作中。利用者也是开发者，使得档案信息资源利用率得以提升。

（四）档案信息资源利用的深度加深

移动互联网环境下，档案信息资源的利用从简单的"实物利用"向"知识利用"转变。档案的凭证作用依然重要，但是在移动互联网环境下，人们用档案指导实践活动、利用档案信息进行创作、通过档案回忆历史的例子随处可见。档案信息资源开发与利用的深度加深。

（五）档案信息资源利用的方式增多

传统档案信息资源利用主要通过到馆利用、档案编研成果利用、档案网站利用等方式来实现，移动互联网环境下的档案利用途径变得更加丰富。微信、微博、手机 APP 等多种途径可供选择，这些社交媒体也使档案走进千家万户。

四、移动互联网环境下档案信息资源开发与利用的策略

移动互联网环境下的档案信息资源开发与利用必然包含功能定位、选题、选材、编辑、公布、推广几个环节，下面主要针对这几个环节提出相应的策略。

（一）科学定位，明确服务内容

移动互联网环境下档案馆的定位指对档案馆利用服务的定位，是对预期利用者要做的事。下面从移动互联网环境下档案馆档案信息资源提供利用的服务对象和这一环境下由定位决定的内容进行策略分析。

1. 用大数据思维锁定主要用户群

科学定位首先要解决"为谁服务"的问题。在移动互联网环境下，档案利用者的数量总体增加。这些利用者大致可以分为两类：一类是原有的档案利用者，这些人在传统环境下就是档案信息资源的利用者；另一类是在移动互联网环境下新产生的利用者，这些人主要通过微博、微信等社交媒体浏览档案信息。我们需要通过分析这些利用者的特点来实现档案信息资源开发与利用的定位。

对档案信息资源开发利用，我们也可以利用大数据思维来找到较为精确的

利用者。对原有档案利用者，我们可以通过"档案利用登记表""档案网站统计"中的数据分析利用者的共同特征，预测出潜在的档案利用者，如对职业、学历、单位等方面的预测。对移动互联网环境下的新利用者，我们可以通过对微信、微博等微媒体产生的数据进行分析来预测。

2. 精确设置服务内容

第一，移动互联网环境下档案信息资源的开发与利用必须体现出档案信息的资源优势。档案相比其他信息具有高度可靠性，所以档案信息的真实性是我们的优势。第二，开发对用户有价值的信息，通过调查统计将开发内容的决定权交由利用者。可以在微博上开展类似于"你最需要的档案"的讨论活动，调查利用者需要的内容。第三，开发有趣的内容。人们总是对神秘的事更感兴趣，因此可以开发那些大多数人都有兴趣的档案信息，如天津市档案馆发布的"老天津卫小买卖：穆傻子的五香'猫儿肉'您吃过吗？"就引起了广泛的关注。第四，民生档案与我们息息相关，许多"老城记忆"类的档案信息不仅阅读量高，还有许多民众参与互动。第五，开发反映热点的内容，紧跟社会热点不仅会吸引利用者目光，而且会增加利用者转发的可能性，促进用户推广。

（二）精心选择表现形式

移动互联网时代人们对信息的要求更高，引人入胜的标题、丰富直观的形式、简约友好的界面让档案信息资源的利用更有优势。

1. 引人入胜的标题

移动互联网时代大量信息充斥在人们的生活中，拟好标题是做好编辑的第一步。通过对"天津市档案馆"微信公众号的调查可知，引人入胜的标题对天津市档案馆的高关注度功不可没。

2. 丰富直观的形式

通过对天津市档案馆的调查统计可发现，表现形式对阅读量有直接的影响：图片形式的阅读量是文字形式的46倍，图文形式的阅读量是文字形式的33倍。因此我们已经进入了"读图时代。"另外，"微视频"的形式越来越受到广大用户的喜爱。

3. 简约友好的界面

移动互联网环境下用户获取、利用档案信息资源的简约化是发展趋向，友好简单的界面是优质服务所不可或缺的。以微信档案公众号为例，一般设有两级菜单，一级菜单下所设二级菜单多为三到四个；要求菜单名称文题相符，通俗易懂。另外，菜单应该尽可能覆盖满足利用者需求的全部功能，但又不可太过复杂而影响利用。

（三）合理选择传播途径

目前，移动互联网环境下档案信息资源传播途径众多，我们要加强顶层设计，运用互联网思维使这些传播方式优势互补，通过整体效益实现利用目标。首先我们需要分析用户实现利用的信息传播环节的全部功能，从档案信息资源开发成果形成到用户实现利用，主要经过了发布、检索、利用、利用情况反馈几个环节。所以各种服务方式总体必须具备发布、检索、利用、反馈四项必要功能，以及四个环节中伴随的基础性咨询功能。

明确了完整的功能需求，我们再具体看目前档案馆普遍运用的微博、WAP、微信、APP四种主要传播途径应该如何设计以实现上述功能。

1. 微博发布信息

微博是一种交流平台。以新浪微博为例，2009年新浪微博开始内测，以"发现新鲜事的交流平台"为定位进行宣传。2016年4月，中国互联网络信息中心发布了《2015年中国社交应用用户行为研究报告》。报告指出，中国网民在最近半年使用过社交应用的用户中，新浪微博的使用率达到了43.5%。

调查显示，就微博的使用目的而言，"及时了解新闻热点"的提及率为72.4%，在使用目的选项中居于首位。"2016年3月22日，首批328445条军机处汉文录副奏折目录在中国第一历史档案馆官方网站提供查阅"的消息通过微博用户"陆浑戎"发布在新浪微博上，取得了很好的传播效果。所以，微博在新闻热点发布功能上具有其他方式所不可比拟的优势，我们可以利用微博发布档案信息资源开发利用方面的通知。

2. WAP检索信息

WAP（Wireless Application Protocol，即无线应用协议）适用于无须授权即可向无线终端进行智能化信息传递、无依赖平台的协议，它是针对小屏幕、低连接率和小内存设备的上网需求而设计的，用户可以利用手机或其他无线设备获得相关信息。通过WAP，档案部门可以提供诸如移动馆藏目录查询、个人利用信息查询、在线移动利用等服务。WAP可以将数据库嵌入以实现档案信息资源检索，这是微信、微博等简单灵活的方式所不能实现的，所以WAP方式应该重点做档案信息资源检索工作。目前，山东档案馆、湖南档案馆等许多档案馆都有WAP或者网站检索功能。

3. 微信促进互动传播

微信（WeChat）是腾讯公司于 2011 年 1 月 21 日推出的一个为智能终端提供即时通信服务的免费应用程序。2015 年 6 月腾讯公司发布的《2015 微信用户数据报告》显示，截至 2015 年第一季度末，微信每月活跃用户已经达到 5.49 亿，有近 80% 的微信用户关注了微信公众号。2016 年 4 月中国互联网络信息中心发布了《2015 年中国社交应用用户行为研究报告》。报告显示，"和朋友互动，增进和朋友之间的感情"是人们使用微信的主要目的，提及率为 80.3%。针对以上特征，微信的优势主要体现在档案信息资源的阅读、推广和档案信息资源利用的咨询功能上。首先，微信用户基数大，用户使用时间长；其次，微信作为社交媒体，微信用户现实生活中的联系人占到了 80% ～ 90%，为档案信息资源的分享提供了优越条件；最后，微信公众号中的"自动回复"功能使得档案利用咨询可以实时实现。如中国移动的官方微信号"中国移动 10086"中的自动回复服务取得了有效的成果，关注后即可收到中国移动的自助服务说明。目前，档案类微信公众号中很少有利用"关键词"回复功能的。浙江省档案馆已开通"陪聊机器人"应用，对档案利用者利用过程中的常见问题设计出了相应的回复内容。这样既节省了人力资源，又使利用者的咨询得到及时的回复，提升利用体验。

4. 档案 APP

对于综合性档案馆而言，开发一款优质 APP 软件的成本要比开通微信公众号、档案馆微博及开发 WAP 网页等的成本高。另外，2015 年 1 月，第三方数据服务提供商 TalkingData 发布《10 亿说：行业精细发展，O2O 热度空前！》的分析报告。报告显示，全国平均每部移动设备上安装了 34 款应用，同时，每部设备上平均每天打开 20 款应用。由于档案信息资源的特性使得档案信息资源的利用呈现刚性特征，所以专门下载安装档案 APP 的用户较少。

考虑到目前的开发成本与用户需求，我们认为目前针对普通利用者单独开发档案 APP 的必要性有待考察。2014 年 8 月，天津泰达图书馆档案馆推出"移动图书馆 APP"服务，将"档案服务"作为图书馆 APP 中的一个模块。其中又包含"办事指南""法规标准""档案培训""编研成果""掌上展厅"五个部分。虽然在总体上档案资源与图书馆资源有着本质的区别，不可能完全融合，但是将已经开放的不具有保密性的档案信息嵌入手机图书馆中，形成图书馆 APP 中的档案模块，与图书资源共用同一账号、同一软件，这样既能满足用户的多种信息需求，又能节约档案部门的开发成本和用户设备空间。另外，针对经常利用档案的群体，如档案工作者、研究者等，可以协调各地或者全国范围内多个档案馆共同合作开发小众化的档案 APP。

（四）分阶段生态推广

一个新事物的推广一般要经过两个阶段，即主动推广阶段和自动推广阶段。在主动推广阶段，需要开发者投入一定的人力、物力，采取主动推广措施寻找第一批"种子粉丝"。在自动推广阶段，当"种子粉丝"达到一定数量时，其推广者就由开发者转变为利用者。

1. 主动推广阶段

这一阶段是开发者主动采取措施进行推广。如"吃在重庆"通过已有的微博账号对微博粉丝进行微信公众号导流、宣传等推广。

2. 自动推广阶段

在这一阶段，"吃在重庆"不再进行主动宣传推广，而是依靠原创的热门文章进行自动推广。在档案领域，目前尚未有实现稳定自动推广的档案类账号。所以我们应该充分利用档案馆独特的资源，打造"热门文章"，使内容本身成为宣传推广的动力。

总之，移动互联网环境下档案信息资源的开发与利用是传统档案信息资源开发与利用的延伸和补充，是目前档案工作的新领域。技术的发展带动档案信息资源利用需求和利用形式的变化，在当今移动互联网环境下，挖掘档案信息资源，开发档案信息成果，依托移动互联网技术分析各项服务方式的特点，并充分发挥其对档案信息资源开发与利用的价值，是档案馆顺应时代发展潮流，更好地服务社会、实现转型的必由之路。

第三节 大数据时代的档案信息服务创新

当前，我们处于信息技术快速发展的大数据时代，我们在享受着大数据时代给我们带来的便利的同时，也不同程度地承受着各种困扰。这种情况在档案信息服务利用领域亦是如此。各种新的信息传播技术的应用对原有的档案信息服务方式造成了前所未有的冲击，但是它们也给档案信息服务模式的创新带来了发展机遇。本节主要以大数据时代为背景，结合云计算、Web 2.0 和微信三种数据信息应用模式，探究档案信息服务创新研究的基本内容。

一、大数据时代档案信息服务研究现状

到目前为止，档案学界尚未对大数据形成一个统一的概念，但存在着这样一个潜在的共识，"大数据作为结构化数据、半结构化数据与非结构化数据的总和，不是对数据量大小的定量描述。它是一种在种类繁多、数量庞大的多样数据中进行的快速信息获取"。大数据共有四个特点：一是数据量大，大数据的数据量可从 TB 级上升到 PB 级，乃至上升至 ZB 级；二是类型繁多，大数据的数据来源繁多，数据形式也多种多样，包含文本、图像、视频、网络日志、地理位置信息、用户行为信息等；三是速度快，大数据的一个重要特点就是增长速度快、有较强的时效性，很容易被其他数据信息替代，因此传统的数据管理模式已经无法满足现代数据信息的管理、分析需要，一般会采取实时分析和分布式处理方式来管理数据信息；四是数据价值具有稀疏性且相关度不高，数据量虽然庞大且蕴含着巨大的价值，但是单个数据的价值很小。只有将所有相关的数据进行综合整理、分析之后，才可以发挥其巨大的潜在价值，从而对结果进行较为准确的预测。

在我国，大数据背景下的档案信息服务面临巨大的挑战，进行数据挖掘是大数据时代档案利用服务的必然选择。近年来，档案学界对大数据背景下档案服务创新的研究著作逐渐增多。未来几年，大数据在档案服务领域将是研究热点之一，将会有更多的研究成果产生。

二、大数据时代档案信息服务模式面临的挑战和机遇

随着信息技术的迅速发展，人类也从信息时代跨入大数据时代。相比传统信息环境，在大数据时代，档案用户的信息需求与档案工作者的服务模式都发生了前所未有的变化，给原有的档案信息服务模式带来了严重的冲击。而任何新事物都是一把双刃剑，大数据在给档案信息服务带来挑战的同时，也带来了前所未有的发展机遇。目前，档案信息服务模式主要有两种：一是传统实体档案信息服务模式；二是现代网络档案信息服务模式。大数据时代的来临为这两种服务模式带来不一样的冲击。

（一）当前档案信息服务模式

当前档案信息服务模式大致可分为以实体档案为单位的传统实体档案信息服务模式和以网站为平台的现代网络档案信息服务模式。以实体档案为单位的传统实体档案信息服务模式是中国自产生档案服务机构以来在实践活动中逐渐

产生的，并形成了一套具体完善的档案信息服务理论。以网站为平台的现代档案信息服务模式是伴随着网络的产生而产生的，主要指电子档案的服务利用模式。目前电子档案服务理论还不够完善，并且存在一些实践问题。虽然如此，但提供电子档案信息服务已然成为世界先进的档案信息服务模式，在中国提供电子档案利用服务也逐渐成为一大趋势，并逐渐向主流方向发展。

1. 传统实体档案信息服务模式

传统实体档案信息服务模式指以往的档案信息服务机构工作人员，对实体档案进行收集、整理、鉴定、保管、统计等，进而为档案需求者提供利用服务。该档案信息服务模式提供的服务主要有：阅览服务、出借服务、复制供应、咨询服务、交流服务、档案证明和档案展览等。这些服务理论和服务方式是在前人的实践基础上积累和总结起来的，是人类智慧的结晶。随着社会的发展以及先进科学设备的引进，传统档案信息服务模式受到一定的影响，但在以纸质档案为主体的中国，以实体档案为单位的传统实体档案信息服务模式仍占据着主要位置。同时，先进技术的引进也加快和推动了传统档案信息服务模式的工作进程。

2. 现代网络档案信息服务模式

顾名思义，现代网络档案信息服务模式是档案服务机构利用计算机网络，为档案信息利用者提供档案信息服务的一种服务模式。该模式极大提高了档案信息服务质量和服务效率，同时该服务模式也拓宽了档案信息服务范围，为档案服务事业的进一步发展创造了新的条件。无论是数字档案馆的网络服务，还是现代档案网站提供的档案信息，主要有馆藏档案资源介绍、档案咨询、档案政务、档案展览、档案推送等档案信息；并且大部分省、市都开通了档案网站，这项举措大大提高了档案信息服务效率。现代网络档案信息服务模式主要为利用者提供电子档案信息服务，虽然较为简单方便，但电子档案的安全性和准确性在大数据时代也面临着极大的挑战。

虽然上述两种档案信息服务模式能够分别对实体档案和电子档案提供利用，并且取得了良好的效果，但是在大数据时代，这两种模式也存在着一些问题。对于传统实体档案信息服务模式而言，其服务理论、服务手段和服务设备等急需跟着时代的进步而进行变革，以适应现代化档案利用的需求。对于现代网络档案信息服务模式而言，该模式还未形成较为完善的服务理论，仍然处于初级发展阶段，这需要档案服务工作人员继续努力以促进其快速发展。总而言之，这两种模式既有优点又有缺点，需要档案工作者继续为档案服务事业努力。

（二）大数据背景下档案信息服务模式面临的挑战

无论是传统实体档案服务模式，还是现代网络档案信息服务模式，在大数据时代，尤其是电子档案数据信息的快速增长，给以往的档案信息服务模式带来了很大的冲击。数据信息的快速增长及其繁多的种类给档案信息服务带来的挑战主要有以下四个方面，下面逐一进行分析：

1. 如何查询所需要的档案信息

随着档案信息化建设的发展，利用者在对档案信息进行查询时，往往所需要查找的档案信息会淹没在大量的档案信息数据中，特别是对电子档案的查找，而且其检索性能急剧下降。同时，依靠人工查询有用的信息在传统纸质档案时代是可行的，但在大数据时代，在纷杂的档案信息中查找有价值、值得挖掘的信息是很困难的。这是一件心有余而力不足的事情，这给档案信息服务的初步实现带来很大的困难。因此，如何在大量复杂的档案信息中快速而准确地查找到利用者所需的档案信息，是档案服务工作人员要解决的首要问题。无论是用传统实体档案服务模式查询信息，还是用现代网络档案信息服务模式查询信息，大数据时代的来临都为其带来了严峻的挑战。

2. 如何改变原有的服务理念和方式

档案信息服务理念和方式具有间隔性和稳定性，服务理念和方式一旦形成，就很难再改变。"档案信息服务理念和方式的产生是顺应当今时代的发展要求的，在相当长的一段时间内是稳定的[1]。"同时，随着时代的发展和进步，档案信息服务理念和方式也会改变，这就造成了档案信息服务理念和方式的稳定性和阶段性。大数据时代是一个全新的时代，它对社会各个生产领域都产生了重要的影响，包括档案界信息服务理念和方式，不管是对传统实体档案服务模式，还是对现代网络档案信息服务模式。因此，最基本的理论观念性问题应该得到应有的重视，这样才能够不断提高档案信息服务水平和工作效率。如何在原有的档案信息服务理念和服务方式的基础上加入大数据时代的元素来顺应社会的发展和满足群众的需要，是一个亟待解决的重要问题。

3. 如何加强基础服务设施建设

在大数据时代，档案信息服务机构基本上都引进了大量电子设备以提高工作质量和服务效率。传统档案信息服务机构的服务设备面临着被淘汰的风险。因为大数据时代的档案信息数量繁多、来源复杂、种类多样，其储存要求远远

① 张迎春. 档案安全保障体系研究 [D]. 合肥：安徽大学，2011.

超过以往的档案信息排架以及承受能力，因而急需档案信息服务机构加强基础设施建设来满足其保存和管理要求，从而提供个性化、人性化服务。同时，档案服务机构也要创造良好的档案信息服务系统运行环境及维护系统的正常运行，以保障档案信息的完整性、安全性以及原始性。加强档案服务基础设施建设是提高服务水平和服务效率的物质条件和客观条件，这一点应该得到社会的重视。

4. 如何培养高素质档案信息服务人才

当今国际实力的竞争与其说是科学技术的竞争，倒不如说是国家间人才的竞争。人才决定国家的综合实力，档案界亦是如此。若想提高档案信息服务质量，首先要考虑的问题就是如何提高档案工作服务人员的专业素养以及综合素质。大数据时代的档案工作人员不仅要掌握最基本的档案管理以及服务知识，还要学习数据分析、数据挖掘等各种计算机技术。只有掌握了这些知识和技术，一个档案工作人员才能更好地分析数据，然后做出准确的预测以提高档案信息服务水平。这一要求是对从事档案行业工作人员的最基本的要求。在当今的档案信息服务部门，尤其是对缺乏数据管理人才的部门来说，更要重视这个问题。

（三）大数据背景下档案信息服务模式面临的机遇

在大数据背景下，虽然大数据给档案信息服务带来了挑战，但同时它也为档案信息服务带来了很多机遇，无论是在服务内容，还是在服务模式及服务思想等方面。这就为传统实体档案服务模式和现代网络档案信息服务模式的创新发展带来新的契机。

1. 有助于丰富档案信息服务内容

大数据的快速增长为档案服务提供了丰富的档案资源，使得档案服务机构的工作内容能够打破原有的限制，从而提供巨量的档案信息资源。就档案馆而言，其档案资源除了储藏在本馆内的档案资源外，还可以通过与其他档案馆进行档案信息资源共享来实现档案信息资源云共享。这项举措在很大程度上克服了本馆档案资源有限的弊端，为利用者提供丰富而有效的档案资源。所以说，这些海量的档案信息资源为档案馆的信息服务提供了内在的硬性支持，使其提供的服务内容更加丰富多样，满足利用者的多方面需求。

2. 有助于完善档案信息服务模式

以往的档案信息服务模式基本上都比较倾向于被动服务，档案服务机构很少主动提供服务，而且服务方式极为简单、被动。最常见的服务模式是用户提出查档要求，档案馆根据其需求查找相应的档案信息资源以提供利用；并且利用者还要办理各种利用手续，程序复杂，给利用者带来极大的不便。而在大数据时代，档案服务机构可以在保留原有的服务方式基础上，利用各种电子设备和数据技术扩大服务范围，提高服务质量。同样拿档案馆来说，档案馆提供信息服务应该首先立足于大数据背景，在提高服务水平和服务质量的同时，还应积极主动地向社会发布一些档案信息，进行档案信息推送，提高服务效率。同时，档案馆还要积极发挥电子档案信息资源的作用，扩大电子档案信息资源的利用范围，实现档案数字化。这就要求档案服务机构的服务方式和服务流程都要发生相应的转变以适应现代化的需要，其服务方式也要从被动式逐渐向主动式转变。

3. 有助于转变档案信息服务思想

以往的档案信息服务思想，是将档案信息服务看作本机构的一种正常业务来完成，被动而又消极。而在大数据时代，档案利用者对档案信息服务机构的服务质量和水平提出了更高的要求。档案信息服务机构可以以此为契机转变服务思想，从消极被动向主动热情转变。同时，档案信息服务机构要以用户为中心，在满足用户个性化需求的同时也要提供更好的人性化服务。大数据时代为档案服务机构服务思想的转变提供了现实基础，其丰富的档案信息资源使档案服务机构为用户提供准确的解答、优质的服务成为可能。

第七章　数字档案馆建设

数字档案馆是在传统档案馆的基础上建立起来的，它与传统档案馆性质一致、基本职能相同，是对传统档案馆的继承和发展。数字档案馆将传统档案馆的功能进一步扩展，使档案馆的社会地位和社会价值进一步提高。数字档案馆的发展将大幅提升档案馆的管理水平和服务能力，且其保存和再现社会记忆的功能将大大增强。

在新时代，传统档案馆的管理模式已经不能有效地满足用户的实际需求了。在数字化技术快速发展的大背景下，数字档案馆应运而生。和传统模式相比，数字档案馆无论是在保管条件、存储空间还是在存储介质等方面，均符合现阶段发展潮流。其能够在满足档案信息逐渐增长对存储空间要求不断提高的基础上，促进档案利用效率的提升。

第一节　数字档案馆的概念

2002 年，数字介质上的信息第一次在数量上超过了模拟介质，由此标志着人类进入数字时代。在此之后信息的表现形式发生了根本性的变化，信息存储载体日新月异，信息传播速度日益加快，信息阅读方式呈现出多样化的趋势。数字化、网络化、信息化、知识化成为数字时代的典型特征。不论是在国内还是国外，相关学者都对数字档案馆的概念进行了广泛、深入的探讨。在数字档案馆项目建设和学术研究中，电子档案馆、虚拟档案馆、无墙档案馆、网络档案馆、全球档案馆、超级档案馆等术语交叉混用。在国内，档案学理论研究中也存在将电子档案馆、虚拟档案馆、无墙档案馆、网络档案馆等概念混用的问题。但我国档案学界自 2002 年之后在概念名称上达成了一致，统一使用"数字档案馆"这一名称。然而关于数字档案馆的概念仍存在不同的观点，国内档案领域学者关于"数字档案馆"的概念主要有以下几类主流观点：

一、信息中心论

档案学者傅荣校教授认为，数字档案馆是一个电子信息仓库，能够存储大量各种形式的信息。用户可以通过网络访问来获取信息，信息存储、访问不受地域限制。而数字档案馆能够把各种信息的数字化、存储管理、查询和发布功能集为一体，使这些信息得以在网络上传播，从而最大限度地利用这些信息。在深圳数字档案馆建设实践中，有关专家也对数字档案馆的概念做了相应的界定，认为数字档案馆是采用现代高新技术构建的数字档案信息系统，是一种档案信息组织模式。其代表的是一种信息环境和基础设施构建，是超大规模的、便于使用的、没有时空限制的知识信息中心。信息中心论主要强调的是数字档案馆的资源内容与存储特征，认为数字档案馆在本质上属于超大规模的信息中心。

二、数字档案馆群体论

群体论比较重视实体档案馆，认为实体档案馆是数字档案馆的重要依托，数字档案馆是通过网络将多个实体档案馆组成群体，并实现群体之间的信息共享。数字档案馆不是单个档案馆，而是通过计算机网络连接在一起的档案馆群体；数字档案馆中的信息不仅仅是档案，还应包括未归档的各类电子文件和图书、资料，甚至包括采集于实物的信息，可以说是综合性的数字信息的完整集合；数字档案馆不是封闭的档案馆信息网络，而是包含在办公自动化系统、计算机辅助设计和管理系统、公共信息数据管理系统等更为广泛的大系统中的一部分。数字档案馆不仅仅为档案管理服务，而且面向全社会提供服务。

三、信息系统论

持信息系统论的学者将数字档案馆的属性界定为信息系统，从档案馆的技术层面出发界定数字档案馆，从信息系统的角度入手将数字档案馆看成一个大规模的、分布式的档案信息系统。信息系统论强调数字档案馆是一个有序、开放、互联、分散的信息系统，把数字档案馆的信息技术放在中心地位。深圳数字档案馆项目组对数字档案馆的理论研究及实践探索一直走在国内档案馆的前列。深圳数字档案馆一期工程完成之后，该项目组对数字档案馆的定义有了更明晰的界定，认为数字档案馆是建立在现代信息技术普遍应用的基础上，利用数字化手段，以综合档案信息资源为处理核心，对数字档案信息资源进行收集、管理，通过高速宽带通信网络设施相连接并提供利用，实现资源共享的超大规模、分布式数字信息系统。

综上所述，数字档案馆是馆藏档案实现数字化、管理工作实现信息化的档案馆群体，通过计算机互联网有序处理、集成管理在结构各异的多种信息平台上产生的多样的电子文件、档案以及其他信息，确保这些数字信息的真实性、完整性和持久有效性，实现资源共享的大规模、分布式、可扩展的数字信息系统。

第二节　数字档案馆的建设情况

作为一种新型的档案管理模式，数字档案馆的特征和功能可以归结为"三化"，即档案信息数字化、档案管理现代化和档案利用网络化。近年来，数字档案馆得到了快速的发展，已然成为各类数据信息存储的首选方式。但在取得一定成就的同时，数字档案馆建设中也存在一些亟须解决的问题，如缺乏标准化的管理体系、信息安全水平有待提高等。因此，进一步明确和掌握数字档案馆建设中存在的问题并制定有针对性的解决对策尤为重要。

一、数字档案馆建设面临的问题

（一）缺乏成熟理论的指导，存在认知偏差

目前数字档案馆建设在认知方面还存在一些偏差。比如一种观点将数字档案馆建设等同于档案馆的数字化，片面地认为只需要将馆内数据信息转换为计算机文件即可，这种以偏概全的错误认知在一定程度上影响了数字档案馆的发展。另外，虽然数字档案馆已然成为各类数据信息存储的首选方式，但因为缺乏科学的理论指导和实践经验，目前的数字档案馆建设主要停留在表层，未能开展更加深入、系统的研究，自然无法形成系统的组织体系和管理模式。

（二）档案资源数字化的组织与管理水平亟须提升

从目前数字档案馆建设过程中的数据来源来看，主要的来源包括传统档案馆的馆藏、档案性质的行业专题信息资源库和立档单位的档案文件材料。虽然档案信息来源较为丰富，但数字档案馆往往缺乏系统的组织体系和管理手段，导致很多的档案信息无法被有效利用，削弱了资源的共享能力。另外，目前在数字档案馆建设方面对大数据挖掘技术的应用还不够深入，缺乏对数据信息的

系统化处理，这在一定程度上增加了数字档案馆建设的工作量，不利于数字档案馆建设工作的高效开展。

（三）数字档案信息检索系统亟须健全

数字档案馆的实践应用效果远高于传统档案馆，可以在短时间内实现信息的检索、提取和利用，提升了档案信息的利用效率和质量。目前，数字档案信息检索系统还无法完全满足使用者的需求，或多或少存在一定局限性。其局限性具体体现在以下两方面：一方面，数字档案信息的检索项目较少，检索路径设计也缺乏合理性，检索时极易出现错误，检全率和检准率均有很大的提升空间；另一方面，档案信息数字化水平还有很大的提升空间，比如一些著录用语、格式与系统的协调性较差，无法准确、全面地反映档案文件的性质和内容。

二、数字档案馆建设面临问题的解决对策

（一）纠正对数字档案馆的错误认知

数字档案馆建设是一项复杂且长期的工作，无论是对集成性还是对专业性均有很高的要求；而且后续管理工作也比较复杂。因此，如何构建系统的数字档案馆建设体系尤为关键。鉴于我国当前的数字档案馆建设还处于初级发展阶段，因而需要给予其充分的重视，在明确建设过程中存在的问题的基础上采取相应的措施，提升数字档案馆建设的效率和质量。

（二）构建更加完备的数字档案馆标准体系

在数字档案馆标准体系建设过程中，需要重点做好以下几方面的工作：①构建高质量的档案信息数据库。根据当前数字档案馆建设情况，遵循"协同开发、统一标准、合作建库、特点突出、避免重复建设"的原则，同时做好数字档案馆各类信息的分类和综合利用工作，确保档案信息的独立性和综合性，为使用者提供最佳的使用体验。②创建功能更加完善、档案信息特征明显的特色网站。要实现数字档案馆的广泛应用，必须进一步完善数字档案馆系统和网站，一方面利用大数据挖掘技术进行档案信息的收集和分析，以构建档案信息数据库和专业特色数据库；另一方面立足于档案管理的未来发展趋势，借助标准化的管理组织和系统完善数字档案馆的服务职能，避免出现数据库结构不统一、数据不规范的情况。③增强数字档案馆的整体性和系统性。针对当前数字档案信息资源利用中的混乱现象，要进一步强化数字档案信息资源共享意识，对档案信息资源的来源进行统一控制，增强数据信息资源的整体性和系统性，

以便更好地发挥数字档案馆的职能。除此之外，要为数字档案馆创设良好的硬件环境，规范文件格式，比如电子文件接收途径、技术规范、文档著录规则。

（三）健全数字档案信息检索系统

一方面，要就使用者对数字档案信息的检索需求做全面的调查分析，准确把控使用者需求，而后开展有针对性的信息检索系统建设；另一方面要秉承创新意识和创新精神，对使用者的需求进行预测，创新并开发检索系统的新功能，预先为使用者提供更加多元化的检索服务，增强针对性，提升检索的检全率和检准率。

（四）加强数字档案馆信息建设

要建立安全的数据管理系统，强化对数字档案管理系统的全过程和动态监管，配备自动预警系统和故障修复功能，确保系统运行的安全性和稳定性。另外，要加强对系统软件和硬件的建设工作，配备安全系数更高的密匙，以此确保数据信息运行和管理的可靠性、稳定性与安全性。

数字档案馆相比传统的档案馆优势更加显著，无论是管理形式还是功能发挥均有较大程度的进步，可以不受时间和空间的限制，为用户提供服务的方式更加多元化，服务更加优质和便利，实现了数字档案馆建设的预期目标。因此，必须立足于数字档案馆的建设目标，给予数字档案馆建设充分的重视，推动档案管理事业更好地发展。

第三节　数字档案馆的特征

数字档案馆是信息时代档案馆的发展方向，是信息化建设整体水平的体现。传统档案馆采用的管理方式是实体管理，信息时代产生的数字档案馆的管理方式是信息管理，而智慧档案馆是要实现知识管理。数字档案馆的总体特征是档案信息数字化、档案管理系统化、档案利用网络化，具体体现为以下几方面：

一、馆藏资源数字化

馆藏资源数字化是数字档案馆区别于传统档案馆的最突出特征，是数字档案馆的基本特征。数字档案馆馆藏资源数字化的方式有如下两种：

（一）馆藏档案的数字化

传统载体档案在实际应用过程中存在着检索及查找速度慢的问题，取档、阅档、归档等都需要手工操作。为提高工作效率，就需要对已经存在的其他载体的档案进行数字化，如通过扫描仪、高清照相机等电子设备将纸质载体档案转换成数字化文件，将声像档案中的磁带、底片等通过专业的转换、提取工具转换为数字化文件，通过高清照相机、摄像机等电子设备对实物档案进行拍照、摄像记录，将记录的数字化文件进行存储、利用。对其他载体档案的数字化转化工作使馆藏资源的支撑载体发生革命性的变革，将各种档案信息转化为二进制数字并存储起来，采用数字方式进行处理并通过网络传输。

（二）实现数字化归档

随着无纸化办公逐渐得到普及，传统的档案归档模式已经不能满足档案馆的发展需求，数字档案馆在将其他载体档案资源转换为数字化资源的同时，传统归档模式也进行了变革：要归档的文件实现了数字化归档，能够接收任何应用系统生成的数字档案信息，能够保存任何类型的数字档案信息并且提供对之进行管理的计划与服务，彻底改变了传统纸质档案的归档流程；并且数字档案的凭证作用、法律效力已经于2019年4月26日第716号国务院令《国务院关于在线政务服务的若干规定》中予以公布，已经以国家级的行政操作性文件确定数字档案的凭证作用。在一些信息化程度已经很高的地方，仍有不少企业对电子发票心存顾虑，在报销入账和归档保存时还要再打印纸质材料，背离了国家推行电子发票的初衷。之所以出现这种现象，主要是因为企业担心国家有关部门在审计、巡视、执法检查等工作中不认可电子发票的凭证作用和法律效力，或者由于工作习惯不愿意查阅和使用电子发票。国家档案局与多部门紧密合作并积极开展电子发票档案管理试点工作，制定并完善相关规章制度和标准规范。经过近些年的探索与实践，电子发票"单套制"归档保存的政策条件已基本具备，在更大范围内推广应用已不存在实质障碍。在2019年的"两会"上，时任国家档案局局长的李明华向大会提交了题为《关于全面认可电子发票的档案凭证作用》的提案，建议：一是从法律法规层面进一步明确电子发票在审计、巡视、执法检查等工作中的档案凭证作用，及时做好相关法律法规的立改废释工作，确认电子发票与纸质发票具有同等法律效力；二是国家有关部门要督促其工作人员主动适应信息化发展趋势，尽快改变工作习惯和工作方式，在有关工作中凡有电子发票可查的，原则上不要再要求提供纸质材料。

二、信息揭示多维化

传统档案馆对信息的揭示是通过用户直接与档案实体接触来获取所需信息的方式实现的。数字档案馆揭示信息的方式实现了多维化：传统的纸质档案在数字化后既可以直接利用，原始档案本身也可以通过网络查阅纸质档案的数字版本；数字档案信息可以被提供给任何数字媒体用以展示，能在任何计算平台上运行，在跨平台间实现档案资源共享，并且可以为任何人或组织提供合法的权限，以发现和挖掘数字档案信息；传统声像档案在数字化后，既可以通过专门的播放器进行播放，也可以在网络终端被直接利用，实物档案也可以通过网络查阅其相关的照片、视频。数字档案馆使档案用户不需要与档案实体进行接触就能获取所需信息，在方便广大档案馆用户的同时，也对档案馆的馆藏档案保护起到了积极的作用。

三、数据规模海量化

传统档案馆的馆藏形式以纸质、磁性介质、实物等为主，数字档案馆则将其他所有介质的档案进行数字化转换，转换后的数字化档案规模巨大。档案馆保存了大量原始信息记录，涵盖民生、党群、行政、教学、科研、财务、基建、设备、出版等各门类的综合和业务档案。纸质档案、声像档案等被数字化加工以后，数据存储容量都将达到 TB 级别，数据体量巨大，这些高速增长的数据信息成为海量的数字化档案资源。随着各行各业信息化的不断深入发展，各类非结构化的归档电子文件越来越多地被移交到档案馆，海量信息存储的需求在不断地增加，需要海量存储设备进行存储备份。

四、信息资源共享化

信息资源共享是数字档案馆的优势所在，也是数字档案馆建设的根本目标，通过实现档案资源共享可提升档案馆的服务水平。①数字档案馆通过对网络技术、多媒体技术、搜索引擎技术等的综合运用建立相应的服务平台，主要有三种类型：一是基于局域网面向档案馆工作人员和来馆利用档案人员的馆内档案利用服务平台；二是利用当地政务网构建的面向本级党政机关各立档单位的电子文件归档和档案信息共享平台；三是利用公众网构建的面向广大社会公众和进行馆际交流的公共档案信息服务平台。②档案资源的数字化、网络传输的便捷性是实现档案信息资源共享的必备条件。数字档案馆提供的服务缩短了档案信息的传递时间及数字档案馆和用户之间的距离，使信息交流和反馈的速度大大加快。数字档案馆打破用户对档案信息利用的时间和空间限制，使不同的档案馆互联并形成统一的知识中心。

五、增量档案电子化

增量档案是指在现代信息技术环境下和办公自动化环境下产生的电子文件及其归档保存的数字档案资源。增量指的是在原有纸质档案的基础上新增加的电子文件，电子文件是数字档案信息资源的重要组成部分。随着计算机技术和网络技术的发展，大量的电子文件产生，因此必须充分掌握电子文件的形成、存储、检索、传递等方面的管理理论和技术方法。增量档案是相对于存量档案而言的。存量档案因为在存储载体上以纸质为主，兼有磁性载体、胶片、实物等，所以要借助现代信息技术来完成数字化；增量档案则直接通过电子归档的方式实现电子化。

数字档案馆除了具备以上特征外，还具有信息资源存取自由化、档案信息组织标准化，档案信息服务社会化、服务现代化、服务个性化、服务范围扩大化，传输网络化、空间虚拟化、工作人员专家化、管理知识化等一系列显著特征。

第八章　智慧档案馆建设

第一节　智慧档案馆概述

一、智慧档案馆概念的起源

在智慧城市建设如火如荼的背景下，档案学界的专家、学者们也开始了智慧档案馆研究。在谷歌学术等国外数据库中进行检索，没有检索到专门研究智慧档案馆的文献，因此可以说"智慧档案馆"这个专门的概念并没有在国外得到针对性的研究。但国外对数字档案馆已经进行了系统、全面的研究，并且都将档案信息资源共享、档案馆内部及跨部门、跨地区的立体互联以及如何融合新技术等问题纳入研究及建设范围内。这些虽然在研究的名称上没有以智慧档案馆命名，但是在研究内容及具体建设上的确属于我们现在所谓的智慧档案馆范畴。

从学术研究方面来看，已经公开发表的国内外学术论文中，目前尚没有一个对智慧档案馆的权威定义。有关智慧档案馆的研究多数聚焦在如何用现代化技术对现有档案进行管理，利用新技术中的物联网、云计算、大数据对现代档案馆的硬件环境进行智能楼宇建设和环境自动感应方面的建设，对档案管理系统进行系统集成，对档案信息进行整合、分析、共享等问题上。杨来青最早系统地提出智慧档案馆理念并进行深入论证，他对智慧档案馆的研究经历了一个深化、发展的过程。智慧档案馆建设就是以服务城市建设、服务社会、服务大众为方向，以深化应用、优化服务为核心，以资源整合、业务协同、信息共享为主线，以打造高效、智能、统一的管理服务平台和信息服务平台为重点，在前期数字档案馆建设和发展的基础上，以技术为依托全面提升信息化应用和服务水平。具体来说，智慧档案馆是档案馆、物联网、云计算、智能化设备、智能馆舍、信息资源和人力资源的一个集合体，它以更智能的方式达到档案馆智慧化服务和管理的目的。

如果一个档案馆既注重信息技术的应用，重视档案信息资源的智能管理，又关注用户的信息与互动服务，同时兼顾对历史公共文化进行传播的社会担当，并综合以上要素来共同推动档案馆的可持续发展，就可以称其为智慧档案馆。或者直接采取列举模式，认为"智慧档案馆 = 档案馆 + 物联网 + 云计算 + 智能化设备 + 智能馆舍 + 信息资源 + 人力资源"。从上述表述中我们可以看出以下问题：一是上述观点的持有者均是以列举限定的方式，通过对技术基础、管理对象、发展目标等定语的添加，罗列出一个不同于以往的档案馆。基于"属 + 种差"的定义方式，这种做法有合理之处。但有一点必须明确，就是必须确定被定义项的"属"，而这恰恰是上述观点所暴露出的第二点问题，即概念"属"缺失或不当。智慧档案馆究竟是一种"符合信息化发展的变革性的档案馆"，还是一种"档案馆模式"？如果大谈特谈传统档案馆、数字档案馆、智慧档案馆的变革之路，那么将其定义为"档案馆模式"，由同位概念降为所属概念，显然是存在逻辑混淆问题的。而直接罗列出方向、核心、主线等限定词，只能算作对"智慧档案馆"的诠释而非定义。智慧档案馆研究说到底是档案学界的一种学术期待，一方面，欲使数据、信息和知识上升到智慧的高度，最大限度地实现档案馆的价值与基本职能；另一方面，欲通过技术的应用使这种价值与基本职能发挥得更加充分。

二、智慧档案馆的基本特征

专家学者对智慧档案馆概念的分析，使我们对"智慧档案馆是什么"有了充分的了解。智慧档案馆具有区别于其他类型档案馆的明显特征，国家 863 主题项目"智慧城市总体方案"课题组提交的研究材料里提到智慧城市的三个特征：全面感知、系统协同、智慧处理。智慧档案馆是在智慧城市理念基础上提出的，智慧档案馆建设是参照智慧城市总体建设的框架进行的。因此，智慧档案馆的基本特征，应与智慧城市的某些特征保持一致。

（一）全方位感知

智慧是生物所具有的基于神经器官的一种高级的综合能力，包含感知、记忆、理解等多种能力。在对智慧的定义中，感知能力排在第一位，是档案馆工作拟人化的首要特征。时间变化、冷暖交替等环境变化对我们人类来说已习以为常，因为人类拥有强大的感知器官，如眼睛、鼻子、耳朵、皮肤等能够感知到环境、时间、空间等多种复杂的变化。数字档案馆的核心技术是数据处理技术，智慧档案馆的核心技术是感知技术，感知是智慧管理的首要要求。各种感知技术支持下的能够连接到物联网的智能手机、平板电脑、射频识别装置、红外线感应器等智能终端和传感设备,是智慧档案馆物联网的神经末梢。智慧档案馆的感知和人类的感知类似,但是比人类的感知范围更广泛、更加理性、更加精确,可以感知不同的层面,并且可以用数据化的方式进行展现或传递。

1. 对档案馆硬件环境的感知

对档案馆环境状况的感知主要通过楼宇智能管理技术实现,以智能化监测、评价和处置档案管理状态。档案库房内的温湿度直接影响档案的自然寿命。档案库房有一个统一的温湿度标准:温度为 14℃ ~ 24℃,45% ~ 60% 的相对湿度。这就需要智慧温湿度自动控制系统利用温度感应器感应馆内温度变化,将这一温度传达给智慧中枢系统,中枢系统通过与预先输入的温度指令对比,自觉判断是否应当进行降温或者升温。智慧防灾系统会在出现险情时,立刻通过分子感应器分析判断险情种类。如遇火灾则根据种类选择开启防火门、喷头降水降温等不同的初级控制措施,并在第一时间自动联系火警报警、向档案馆智慧中枢控制系统的专员报告,快速分析出最佳逃生路线,通过馆内语音系统和显示屏引导馆内所有人员逃生;如遇水暖管路破损漏水或馆舍遭雨水侵袭,则向档案馆智慧中枢控制系统的专员报告,由专员做出应急预案。通过对光线的感知适时调整档案馆的灯光亮度。

2. 对档案馆的全面感知

物联网是智慧档案馆的技术基础,利用物联网可实现内部及外部信息交换,构成一个基于物联网的通信智慧系统。另外,通过物联网可实现档案工作人员与档案、档案与用户、档案与馆舍、档案与设备、工作人员与用户、用户与用户之间无所不在、无时不在的沟通与感知。

通过物联网不仅要感知档案馆内的局部或部分信息,还要将感知全面覆盖,全面汲取档案馆内各个角落中的有用信息,对档案馆中存在的人与物有全面的、深度的感知,将档案馆建筑、档案实体、档案信息、档案人员、档案设备、档案用户等联系起来,将碎片信息感知集中于一体,进行信息交换和通信,实现对档案实体、档案信息内容以及档案管理信息的感知;并进行智慧化的整合和衔接,从而实现对信息的全面利用。智慧档案馆可以做到全方位感知,通过 RFID 技术(Radio Frequency Identification,即射频识别技术)感知读者和档案实体的位置,通过图像采集和轨迹追踪技术分析读者的行为,通过体感技术感知读者的精细行为乃至心理变化状态,进而精准地判断读者的需求,为档案馆读者提供精准服务。目前,已经有很多档案馆利用以 RFID 技术为代表的智能感知技术实现了对档案实体的盘点、查找、定位、顺架、分拣等一系列基础性工作。而精准服务更是只有在智能系统的帮助下才能实现。

通过采用管理策略和相应的技术手段，将档案内容、档案管理信息与互联网联系起来，进行信息交换和通信，实现对档案实体的感知、档案内容信息的感知、档案管理信息的感知，即感知档案、感知信息、感知管理。以智能化识别、定位、跟踪、监控和管理档案实体；对档案内容的感知主要通过智能化的数据挖掘技术来实现，以智能化识别、抽取、整合和应用档案信息。

此外，档案馆作为国家最为重要的、保存社会原始记录的重地，不仅承担着"维护历史的真实面貌"的职责，同时还需要"为现实的社会主义现代化建设和历史的长远需要服务"。这就要求档案馆开阔视野，摒弃"以我为大"的思维。除了对馆内展开全面深入的感知之外，档案馆还应对全社会的信息有所感知，并能满足全社会建设发展的需要，真正在馆内及全社会中实现档案工作者与档案、档案利用者与档案、档案与档案、档案与馆、馆与馆、馆与全社会等的全面深度感知。智慧技术和智慧管理已经成为新的发展趋势，档案馆应跟上技术发展的新趋势，研究智慧档案馆的发展理念、工作目标和实现路径，开展智慧档案馆建设，为档案馆事业的持续发展创造条件。

（二）立体互联

相比传统档案馆，智慧档案馆已经更多地融入了现代科技元素，比如温湿度自动控制系统、档案管理系统、电子监控系统和有线及无线网络系统等。智慧档案馆的硬件设施得到了很大的改善，并且设备、系统、资源和人员之间建立了充分的立体互联体系。互联是智慧档案馆的核心要素，智慧档案馆的互通互联包括三个层面。

1.单个档案馆内部的互通互联

单个档案馆内部的互通互联属于初级层面的互通互联，指的是档案馆内各馆室之间的互联。它打破了馆内各部门之间现有的模块化管理模式，使档案馆工作人员在内部互联的基础上形成一个整体。单个档案馆内部的互通互联既有物理环境下的互通互联，也有通过互联网实现的互联，是物与人、物与物、人与人之间的互联。有了全方位感知的信息和模式，还应进一步网络化才能使之发挥更大的功效。这里的网络化涉及有线网络、移动互联网、物联网等，只有实现全方位的网络化才能实现全方位、立体的互联互通。物理环境下的互通互联是档案之间的互联、部门之间的互联、楼层之间的互联、计算机之间的互联、数据库之间的互联、各感知元件之间的互联等；虚拟环境下的互通互联是档案馆馆员与档案用户之间的互联、人机交互的互联互通等。在档案馆内的立体互联、协同共享，实现的是档案实体、档案信息、档案管理环境的一体化管理和交互式管理。

智慧档案馆的智慧性依赖于档案馆智慧中枢系统的支持，档案馆智慧中枢系统能够将馆内各类设备、档案、信息单元、馆员、用户等通过物联网联系起来。智慧中枢系统作为使档案馆具有智慧性的核心组件，通过预先设定好的计算机指令指挥馆内各系统工作，实质上是具有人工智能的 CPU 处理设备对来自所有设备、系统的实时数据进行集中处理并加以关联，从而实现档案馆对这些要素的智能感知。

2. 档案馆之间的互通互联

档案馆之间的互通互联是在单个档案馆内部互通互联的基础之上的更高层面的信息共享。馆际的立体互联、协同共享，实现的是档案馆在档案服务方面的升级与理念的转变，使档案利用者可以把单个档案馆作为"切入口"，进而进入互联的由所有档案馆形成的整体中去，获取所有互联体中的档案馆的共享信息。档案馆之间的互通互联打造的是泛在的承载网络，将各种采集信息和控制信息进行实时、准确的传递，实现人与档、人与人、档与档之间的互联互通；让用户可以不受时空限制，利用任何方式获取档案馆服务，使其真正成为用户身边的档案馆，最大限度地呈现信息和服务获取的便捷性。

3. 档案馆与其他部门的互通互联

档案馆与其他部门的互通互联是最高层级的互通互联，指档案馆在行业内部实现互通互联的基础上，在融合互联网和物联网等信息网络的基础上，与其他机构之间实现跨行业的互联，进而了解到整个社会的全貌，真正地实现信息共享的本质追求。从本质上看，档案、档案馆、档案工作者、档案利用者、社会其他部门作为互通互联的主体，几大主体之间的无障碍对接是利用互联网、物联网实现更大范围的信息资源深度共享，并实现用户最大范围的信息获取。

（三）无限泛在

建设智慧档案馆的目的是消除信息壁垒、信息孤岛，实现全面、立体的联通和协同共享，形成档案服务的无限泛在。将全方位感知到的信息以及立体互联所共享的信息，利用互联网、广播电视网或电信网等渠道提供给档案利用者，形成一个在任何时间、任何地点以及任何人都能获取档案信息的无限泛在模式，实现档案的利用功能在利用渠道和角度上的全方位覆盖。这里的泛在指的并不是实体档案馆和档案工作人员随处可见，而是档案服务可随处获取，是将档案利用工作的便捷性、随时性全交给利用者，满足利用者对档案的利用需求。

档案的利用需求千差万别，档案利用者对档案的了解程度也参差不齐，其中一部分利用者可独立完成对档案的利用，另一部分人则需要依赖档案工作人员的协助。这就要求智慧档案馆实现无限泛在，不仅是将复杂的、多样的档案利用工作整合为几个简单、可行的方案，同时还要求具备和满足个性化的互动，切实帮助利用者去利用档案。无限泛在分为时间上、空间上、方式上的泛在。

1. 时间上的泛在

档案馆作为政府职能部门，作为高校、企业等单位的信息中心，需要承担为公众提供档案服务的重要职能。传统物理实体档案馆在固定的时间范围内向公众提供服务，一旦超过这个时间，公众对档案的利用需求就不能得到满足。但是，公众对档案的利用时间不是固定的，这就造成了档案馆难以满足人们随时利用档案的需求。档案馆数字化、网络化建设的全面开展为智慧档案馆建设打下了坚实的基础，智慧档案馆可以为广大利用者提供全天候的档案利用服务。档案利用者可以通过互联网在电脑、手机等设备上随时获取所需的档案信息。智慧档案馆在时间上的泛在利用功能，是档案馆服务和管理方面在时间上的泛在。

2. 空间上的泛在

档案馆在何地可以提供利用，是档案服务在空间上的限制。从传统意义上来说，用户利用档案指的就是前往具体的档案馆检索、查阅利用档案。传统的档案馆是一个空间上的具体存在，智慧档案馆的利用服务工作在空间上已经进行了无限扩展。因特网把地球上所有能够联网的档案馆融为一个整体，档案利用者借助因特网可以在任何一个地方通过网络登录档案馆网站查找所需信息，在任何地点都可以利用到所需的档案信息。智慧档案馆在空间上无限泛在的特征颠覆了陈旧、固化的空间观念。

3. 方式上的泛在

传统档案馆提供服务的模式是开展馆内打印、复印、借阅服务及开设档案展览等形式，但因受时间、空间、形式等因素的限制，其已经无法满足新时代用户对档案服务的需求。互联网技术，特别是移动互联网技术的发展及普及带来了档案馆服务时间、空间上的全覆盖，为使用者带来了方便快捷的服务，带来了使用者自主选择的自由。

档案馆自助服务是智慧档案馆服务方式泛在的一种体现。这种方式随着其他行业自助服务的不断普及出现在档案服务领域，是指用户通过企业或第三方建立的网络平台或终端，实现对相关产品的自定义处理。通过自助服务，用户能自行解决大部分简单的问题；用户可跟踪了解自己所申请事项的处理情况，同时可对每次请求做出满意度反馈。

智慧档案馆的发展正处于各种新媒介不断涌现的背景下。近年来不仅网站、出版等媒体数量激增，同时还出现了博客、微博、微信、手机客户端等各种媒介形式。全媒体时代出现了全程媒体、全息媒体、全员媒体、全效媒体，信息无处不在、无人不用。从"纸媒时代"到"微博、微信"再到"视频、H5、VR 全景"……全媒体为智慧档案馆通过各种渠道开展档案利用服务提供了可能，体现了智慧档案馆在利用方式上的泛在性。全媒体指的是，"媒介信息传播采用文字、声音、影像、动画、网页等多种媒体表现手段（多媒体），利用广播、电视、音像、电影、出版、报纸、杂志、网站等不同媒介形态（业务融合），通过融合的广电网络、电信网络以及互联网络进行传播三网融合，最终实现用户以电视、电脑、手机等多种终端均可完成信息的融合接收（三屏合一），实现任何人、任何时间、任何地点、以任何终端获得任何想要的信息。"从定义中我们不难看出，全媒体并不意味着对传统媒介的排斥，反而是新、旧媒介的极大融合。智慧档案馆从全媒体的视角开展档案利用工作，同样也不是为了摒弃传统的档案利用模式，而是在融合传统模式的基础上扩展新的渠道，使得更多的人可以更方便、更快捷地利用档案，是对已有的档案利用服务的补充和完善。在对媒介的使用上，档案馆已经利用了很多媒介，智能手机通过移动互联网可以使用档案馆的几乎所有功能，如查阅、检索、网上借阅等一系列的功能。

（四）可持续发展

1987 年，世界环境与发展委员会发表了《我们共同的未来》报告，将可持续发展定义为："既能满足当代人的需要，又不对后代人满足其需要的能力构成危害的发展"，系统阐述了可持续发展的思想。中国政府在《中国 21 世纪人口、环境与发展白皮书》中，首次把可持续发展战略纳入我国经济和社会发展的长远规划。智慧档案馆深度感知的特性，表明的是智慧档案馆能够感知档案信息、感知档案用户、感知档案馆的整体运转情况。智慧档案馆的深度感知有助于实现建筑内设备、资源利用的环保、绿色与安全，与档案馆自身之外的所有事物实现环境的可持续发展。各个档案馆之间的信息壁垒的打破、信息的广泛共享，使得拥有信息再生能力的智慧档案馆有了更广泛的档案信息来源，从而能持续地为人民和社会提供档案服务。

智慧档案馆是一个"开放"的有机体，收集档案的类别得到极大扩展，不断融入各种先进技术、管理模式，不断产生着新的信息。同时，对公民共享档案权限的开放及公民自主和互动式的服务和管理模式，为公民持续地参与到档案工作中提供了可能，体现了开放创新、大众创新、协同创新的特征，为档案馆的资源宝库提供了持续发展的机会。这无疑为我国档案工作的进一步发展提供了源源不断的动力，也是我国档案事业得以不断发展、进步、提升的源泉。

（五）以人为本

以人为本是与以物为本相对应的发展观，是科学发展观的核心，体现了中国共产党全心全意为人民服务的根本宗旨。以人为本不仅主张人是发展的根本目的，回答了为什么发展、发展"为了谁"的问题，而且主张人是发展的根本动力，回答了怎样发展、发展"依靠谁"的问题。"为了谁"和"依靠谁"是分不开的。人是发展的根本目的，也是发展的根本动力，一切为了人，一切依靠人，二者的统一构成以人为本思想的完整内容。

智慧城市建设的突出特点就是强调以人为本，核心是运用科技手段服务于广大城市居民，让市民融入智慧城市建设之中，共同打造一个开放的创新空间。智慧城市建设的各项工作要立足于满足群众工作和生活的需要，让人民群众生活得更方便、更舒心、更幸福，这是智慧城市建设的基本出发点。无论运用怎样先进的科学技术，或是城市内各部门间如何协同合作，智慧城市建设的根本立足点是让人们生活得更便捷、更舒适。智慧城市建设的本质落脚点是人，体现了以人为本的精神。

智慧档案馆的概念来源于智慧城市的概念。智慧档案馆的建设，也是参照着智慧城市总体建设的框架摸索前行的。与智慧城市建设相同，智慧档案馆建设也注重从公众的角度出发，通过网络社交手段提高用户的参与度，汇集公众的集体智慧，实现以人为本的可持续发展。因此，智慧档案馆建设应与智慧城市建设一样要以人为本。智慧档案馆最重要的特征之一是全方位感知，感知的对象包括档案实体、档案内容、档案馆建筑、档案用户等，档案馆工作人员不用亲自查看感知的所有情况。从一定意义上来说，档案馆工作人员在一定程度上从具体的、重复的工作中解放出来，将工作重心放在更有价值的工作之中，提高了档案馆工作人员的效率，提高了档案馆用户的满意度。智慧档案馆的立体互联和无限泛在特征为档案利用者带来了巨大的便利。立体互联使馆际、档案馆与其他部门之间连为一个整体，档案利用者可以从某个点切入查找所有所需档案信息；档案服务在时间、空间、方式上的泛在，让档案利用者可以实现足不出户且全天候查找到所需要的档案信息。可持续发展特征，是站在更高、更远的全人类的视角，让档案馆变成一个绿色、环保、可持续发展的部门，体现的是更高层级的"以人为本"。

智慧档案馆的这些特征之间，在一定程度上可以说是递进的关系。首先，全方位感知是基础，立体互联是全方位感知后的发展。二者同属于技术背景支撑，而感知又是互联的依托，它们可以使智慧档案馆更高效地运行。其次，无限泛在是落脚点，因为无论档案馆模式如何推陈出新，其根本宗旨仍是为了更便利地进行管理和服务。再者，智慧档案馆作为一个开放式的档案馆发展新模式，作为国家一个持久的、重要的职能部门，可持续发展档案工作、档案事业是其最终目标。最后，上述四个特征都紧紧围绕智慧档案馆的"以人为本"理念，并以此为核心出发点指导着智慧档案馆的理论建设和实践发展。小到馆内具体技术的选择、软件的编辑、管理系统的使用，大到档案馆总体规划及发展、建设方向，皆以不违反"以人为本"的落脚点为根本原则。从档案馆的层面来看，在智慧档案馆的体系中，档案馆可以分析用户查询利用档案的数据，分析用户的信息需求，从而为用户提供个性化的服务，引领档案馆管理服务的创新升级。从用户的层面来看，基于智慧档案馆的公共服务平台，用户利用智能终端设备经由互联网便捷地获取所需的档案信息资源、接受档案咨询服务，创新了档案馆管理与服务的新形态。

（六）更深入的智能洞察

智慧档案馆的智慧体现在检索的快速性、定位的准确性、知识咨询以及解答的及时性上，指在没有档案馆工作人员参与的情况下，档案馆自身能够保证馆内各项系统正常运行，实现自我管理，工作人员负责监督。智慧档案馆需要洞察用户的信息需求，即当用户进行检索时，能够通过智慧检索设备对用户的检索结果进行分析，将检索的最终结果以摘要或者综述的形式呈现给用户。可以根据用户的需求对检索结果进行相关度分析，并通过可视化分析将关系结构图展示给用户，提供信息的深度挖掘服务。档案馆重视用户体验，可以设置用户评价系统，方便用户对档案馆的服务进行打分评价，将用户反馈的建议纳入数据库中，计算机智慧中枢系统根据需求随时对用户反馈信息进行整理、分析，形成辅助决策报告书并呈现给档案馆工作人员及决策者，以使智慧档案馆的决策更具针对性、精准性。对这些相关信息的串联存储以及分析，可以大大提高决策效率，使智慧档案馆成为主动的"有感官的有机体"。

（七）更高效的协同管理

随着智能技术的广泛应用，档案馆不仅可以实现本馆内部各要素之间的协同，还可以实现行业协同、地区协同、国家协同、全球协同等，使资源由分散趋向集约、由异构趋向统一，克服资源分布不均衡、管理分散和重复建设的弊端，提高档案馆的服务效率；并且协同所需花费的时间、精力、物力成本等都将大幅压缩，协同服务的质量大大提高。不过，这些协同都是建立在更好的感知、广泛的互通互联和更深入的智能洞察基础之上的。

第二节　智慧档案馆与数字档案馆的关系

档案在社会经济发展过程中发挥着十分重要的作用，因此档案的管理和发展也是非常关键的。随着科学技术的不断进步，信息技术逐渐应用到档案管理实践中，而智慧档案馆和数字档案馆都是信息技术快速发展形势下的主要形式，并且二者之间也存在着较为紧密的联系。本节在深入分析智慧档案馆和数字档案馆特点的基础上，对二者之间的关系进行了较为详细的阐述，希望对促进档案馆发展起到一定的积极作用。

一、数字档案馆与智慧档案馆的基本情况分析

（一）数字档案馆

随着计算机和网络技术的普及应用，传统的工作方式在很大程度上得到了改进和提升。在档案管理工作过程中，传统的纸质媒介形式已经逐渐被计算机技术取代，数字化管理模式也逐渐在档案馆工作中得到普及，管理效率较之前实现了大幅度提升。数字化档案馆也正是在这样的背景下产生的。数字化技术可以将不同区域的档案材料进行统一集中管理，同时采用数字化的方式进行存储，这样用户在查阅档案信息的过程中能够更加便捷和高效。数字化档案管理技术得到了广大档案馆的欢迎，同时国家也在数字化档案馆建设方面给予了更多的扶持。随着数字化技术的不断成熟，档案馆的管理和工作效率也在不断提升，这对档案馆建设和发展来说是非常重要的。

（二）智慧档案馆

信息技术的快速升级使当前的智能技术得到较为广泛的普及和应用，借助大数据和科学技术的优势，档案管理模式也发生了根本性的变化。在这样的形势下，智慧档案馆逐渐走进人们的视野。从当前的实际情况来看，越来越多的人开始对智慧档案馆产生兴趣，但是目前并没有研究成果能够对智慧档案馆做

出一个清晰和明确的定位。通常人们认为，智慧档案馆是借助现代信息技术对馆内的档案资源进行规范化管理，与以往的管理模式相比，智慧档案馆的管理效率更高，符合当前社会发展的基本要求，能够在原有的基础上更好地发挥档案馆的服务功能。智慧档案馆的建设和发展以数字档案馆为基础条件，同时需要结合现代信息技术的优势，这也是智慧档案馆的主要特征。

二、数字档案馆和智慧档案馆的不同之处

（一）数字档案馆和智慧档案馆的定位不同

数字档案馆的主要发展目标，是利用先进的数字技术消除传统模式下档案管理工作的缺陷和弊端，提高档案管理工作水平，从而为群众提供更加优质的档案服务。同时，在数字化档案管理模式下，档案信息的安全性能够得到保证，这对促进档案管理工作发展具有非常积极的作用。因此，数字档案馆的发展定位为提升档案管理效率，保证档案信息的安全性。而智慧档案馆则不同，智慧档案馆是在智慧城市建设的背景下产生和发展起来的。而智慧城市的主要发展目标，是利用现代信息技术将城市中的公共基础设施连接起来，形成一个智慧网络系统，从而对传统的生活和工作方式进行创新。在这个系统之中，每个环节都需要达到一定的智慧水平，并且相互之间协调发展，最终构建起一个智慧平台。智慧档案馆正是整个智慧系统中的一个关键组成部分。所以说，智慧档案馆的主要目标是服务于智慧城市的发展，而不仅限于提高档案管理和服务水平。

（二）数字档案馆和智慧档案馆的服务水平不同

与数字档案馆相比，智慧档案馆的技术水平更高。因此，在提供档案服务的过程中，智慧档案馆明显具有诸多方面的优势。同时，由于技术水平先进、更加趋向智能化，在档案馆的管理和发展过程中，智慧档案馆的服务范围会更加广泛。借助互联网技术，智慧档案馆可以实现无线档案和宽带档案，并且可以借助信息技术实现对档案信息的感知。同时，将档案管理与互联网技术进行有机融合，促进档案管理实现平台化发展。在利用档案信息的过程中，智慧档案馆也表现出更加突出的优势。除此之外，相对于数字档案馆来说，智慧档案馆更加关注人们对档案工作的实际需求，同时将需要进行整合，为人们提供更具针对性的个性化档案服务。并且这种个性化服务的覆盖面非常广泛，可以帮助档案馆将多种不同的服务整合起来，最终形成一个健全的档案管理和服务体系。从以往的发展经验来看，尽管数字档案馆表现出了多方面的技术优势，但

是在智能化技术不断发展的时代，数字档案馆的服务范围依然没有智慧档案馆广泛，二者在管理和服务方面还存在着较大的差距。

三、数字档案馆与智慧档案馆的关系

（一）数字档案馆与智慧档案馆相辅相成

从以上分析中可以看出，数字档案馆和智慧档案馆之间存在着诸多方面的不同之处。但是从一定角度来讲，数字档案馆和智慧档案馆在本质上还存在较多相似之处。因为不管是智慧档案馆还是数字档案馆，都是以现代科学技术为基础，通过网络技术和智能技术实现的管理模式；并且与传统的档案管理模式相比，二者都是档案馆的创新发展模式，在未来仍然具有较大的发展空间。同时，智慧档案馆和数字档案馆之间并不排斥，是一种并存的关系。也就是说，数字档案馆和智慧档案馆是相辅相成、相互合作的关系。

（二）数字档案馆是智慧档案馆发展的前提和基础

智慧档案馆的服务覆盖面更加广泛，但是这绝对不意味着智慧档案馆就完全优越于数字档案馆。相反，智慧档案馆要以数字档案馆为基础，数字档案馆也是智慧档案馆发展的前提条件；如果脱离数字档案馆，智慧档案馆的发展也会受到巨大的影响。因此可以说，数字档案馆是智慧档案馆的前提和重要保证，智慧档案馆是数字档案馆发展到一定阶段的产物。在发展过程中，智慧档案馆可以为数字档案馆提供更加先进的智能化技术支持，比如在数字感知、智慧化服务方面帮助数字档案馆提升管理和服务水平。而数字档案馆可以在档案信息方面给予智慧档案馆更多的帮助，为智慧档案馆提供真实、准确的档案信息，提高智慧档案馆的发展水平。

尽管智慧档案馆中包含着大数据和物联网等先进技术，但是这些都是以数字化档案技术为基础的，所以数字档案也是智慧档案馆最为基础和重要的部分。如果没有数字档案馆提供的准确档案信息做支撑，智慧档案馆的发展就无从谈起。因此从这个角度来看，数字档案馆和智慧档案馆是相辅相成的关系。所以在实际的建设和发展过程中，智慧档案馆和数字档案馆都是不可或缺的，应该将二者进行有效整合，促进档案管理水平不断提升。

（三）智慧档案馆是数字档案馆发展到一定阶段的产物

从技术和服务的角度来看，智慧档案馆是数字档案馆发展到一定阶段的必然产物，是数字档案馆的更高级形式。也就是说，智慧档案馆是在数字档案馆发展的基础上融入更加先进的智慧化技术，从而能够更加高效地提供档案服务。智慧档案馆符合时代发展的大趋势，能够更好地满足时代发展的基本要求，是数字档案馆的更高级形态。

综上所述，智慧档案馆和数字档案馆之间存在着十分紧密的联系，二者是相辅相成的。因此在发展过程中，应该充分重视二者之间的关系，共同发挥其在档案管理领域的作用，提高档案管理水平。

第三节　智慧档案馆运维管理风险

智慧档案馆是数字档案馆的更高发展阶段，是当前科技迅猛发展形势下出现的一种新的概念。随着我国智慧城市建设的逐步推进，智慧档案馆受到越来越多的关注，已经有一些地方对智慧档案馆建设进行了探索。智慧档案馆是一个完整的信息系统，结构体系庞大复杂，运维管理过程中面临各种各样的风险，同时智慧档案馆建设还没有一个规范化的管理模式。所以，科学地预测智慧档案馆运维管理过程中存在的风险，进而探讨行之有效的策略，对于智慧档案馆的稳定发展具有重要的意义。

一、内部风险

内部风险即从智慧档案馆运维管理本身内在层面出发，科学、系统地预测出的风险。内部风险主要包括意识风险、管理规划风险、人员风险、业务管理与服务风险。

（一）意识风险

由于智慧档案馆是近年来随着大数据时代下的智慧城市发展而产生的一个新概念，国内外对相关方面的研究较少，因而现在智慧档案馆的运维管理还没有足够的经验可以借鉴，也没有统一的标准和规范可以遵循。因此，档案相关部门和工作人员对其认识较少，甚至不了解何为智慧档案馆。

一方面，领导层面对智慧档案馆建设的意识淡薄，导致对智慧档案馆的工作缺乏重视和支持。这是导致智慧档案馆的机构设置、库房建设、人员配备及现代化建设所需的经费、技术、装备未能落到实处的主要原因。另一方面，在智慧档案馆的运维管理中，管理者和社会利用者对新兴的智慧档案馆认识不足。对管理者而言，缺少对新形势下智慧档案馆的了解导致其不能合理规划管理方式，同时也增加了智慧档案馆在运维管理过程中的困难，比如职责混淆、浪费信息资源、增加经费开支、服务水平较低等。对社会利用者而言，在大数据时代的背景下，科学技术和社会信息技术都迅猛发展，对档案信息资源的应用需求大幅度增加。但是其自身的素质水平并没有随之提高，对智慧档案馆的应用技术、应用要求、应用方法都知之甚少，导致智慧档案馆的信息资源浪费，也会严重影响智慧档案馆建设的进程。

（二）管理规划风险

智慧档案馆的运维管理是一个系统工程，不可能在短期内实现其目标，运维管理与风险并存。在智慧档案馆运维管理初期，首先，相关工作人员对智慧档案馆自身的情况研究得不够彻底，因而不能做出合理、科学的组织规划，导致职责混淆不清、管理范围不明确；其次，智慧档案馆刚刚兴起，社会各界对其管理方面的研究较少，在运维管理过程中的各种风险并未完全暴露，因而不能进行全面、系统的研究；最后，对系统规划阶段的认识不足、安全框架整体考虑缺乏和组织管理上的疏漏，都会给智慧档案馆的运维管理留下极大的隐患。

（三）人员风险

智慧档案馆是适应现代科技发展的一种形式，在其运维管理过程中，最关键的因素是科技人才。人才是当今社会发展最重要的竞争资源，是最有价值的一种因素。在智慧档案馆的运维管理中，需要有一支配套的、相对稳定的研究开发队伍和系统维护队伍，以加强人力资源保障。目前，智慧档案馆的制度改革管理理念不完善，使档案部门不能形成促进本部门发展的管理理念、管理机制、工作流程和组织结构，极大地影响了激发技术工作人员干劲的体制的形成。因此，将智慧档案馆建设与档案部门的制度改革管理理念紧密结合，可创建有利于优秀人才脱颖而出的体制机制。智慧档案馆的建设发展需要以信息专业技术人员为支撑，而各级各类智慧档案馆中的工作人员大部分都是档案专业的技术人员。目前，兼具信息专业知识和档案专业知识的开发人员凤毛麟角，设计开发人员严重匮乏。这导致档案工作人员在履行运维管理职责时不具备与时代相符合的知识水平和实践能力。由于未能掌握全面的档案理论知识，不熟悉与档案工作相关的文化、理论与科学技术以及与档案记载内容有关的背景知识，不具备与时代发展相一致的思想观念，包括信息意识、服务意识、现代化意识等，最终导致档案工作人员不能由管理型向知识型、技术型转变。

（四）业务管理与服务风险

随着云计算、大数据、"互联网+"等技术的广泛应用以及档案信息的数字化，海量的数据信息出现了。与传统档案馆服务相比，智慧档案馆业务管理与服务面临的主要问题已不是档案信息资源的匮乏与用户日益增长的需求之间的矛盾，而是档案信息资源的泛滥、无序以及存取障碍与用户选择和获取之间的矛盾。这会在一定程度上给智慧档案馆的管理与服务带来一些新的挑战。

二、外部风险

智慧档案馆运维管理的外部风险也是一个重要的方面，主要指智慧档案馆运维管理中存在的一些影响智慧档案馆发展的客观因素。根据这些因素的来源，我们将外部风险分为两类：一类是社会环境带来的风险，另一类是自然环境带来的风险。

（一）社会环境带来的风险

智慧档案馆要在社会中运作，一定会受到社会环境方面因素的影响。冯惠玲从"风险因素的具体内容"角度分析电子文件风险产生的社会因素，结合智慧档案馆的相关因素，我们将社会环境方面的风险分为以下两方面：规范体系风险和同行风险。

1. 规范体系风险

当前档案部门建设智慧档案馆虽然具备一定的基础，但是没有统一的规范和建设的平台。因此，智慧档案馆建设可能面临一系列的风险，如智慧档案馆建设模式粗放、没有统一的标准和规定等。并且，虽然一些地方规章或规范性文件正在积极尝试，但目前行之有效的制度少之又少，在业务操作上缺乏科学规范的执行标准，且在档案资源开发中可能面临不可预知的法律风险，因此缺乏具有统一标准和政策法规指导的发展模式，缺乏对智慧档案馆的顶层设计。

正如胡晓庆在《智慧城市背景下智慧档案馆建设优劣势分析》中提到的，"关于智慧档案馆建设的政策、法规、建设标准等设计稍显不足"。智慧档案馆建设应该有长期的发展规划，"自上而下"地形成统一标准和政策；否则，智慧档案馆建设将走上"先应用后完善"的老路。所以，对于智慧档案馆的运维管理来说，长期发展规划的不完善、缺乏相关政策和法规是比较重要的风险。

2. 同行风险

对于智慧档案馆而言，同行就是指同类档案馆。一方面，智慧档案馆建设处于初级阶段，其相关制度和要求没有统一的标准，同类档案馆不免会做一些潜藏风险的示范，这就会产生比较恶劣的影响。另一方面，同类档案馆之间会因地区、经济发展状况等存在差异而有所差别，这就使智慧档案馆的建设、运行产生诸多需要考虑的因素，给智慧档案馆的运维管理带来一定的风险。

（二）自然环境带来的风险

不管是传统的档案馆还是数字档案馆，以及数字档案馆高级发展阶段的智慧档案馆，自然环境都会对其产生影响，如一些由自然环境的变化引起的灾害，如地震、洪水等。

三、风险控制

智慧档案馆作为一个完整的信息系统，其体系结构庞大复杂，在运行和管理中面临着来自内部和外部的多种安全风险。下面将针对内部风险和外部风险两方面分别研究对策，有效地控制智慧档案馆运行和维护过程中产生的风险。

（一）内部风险控制

内部风险控制是智慧档案馆风险控制的核心内容，能否有效地控制内部风险是整个智慧档案馆正常运作的关键。

1. 建立基本规章制度

建立基本的档案安全规章制度，是加强档案安全管理的第一步，也是风险控制的基础。制度是否健全、是否科学合理、是否具有可操作性，关系到档案安全管理的成效。我们都知道，风险的程度需要通过安全风险评估来估测，因此，首先应建立健全信息安全风险评估制度，保证风险评估有据可依。其次，健全信息安全风险评估制度，明确评估者、建设者、使用者和管理者之间的关系及各自的职责。只有做到分工明确，才能使智慧档案馆的整个信息系统在规划、研发、建设、运行及维护的整个生命周期中运行流畅。所以风险控制的第一步是建立基本制度。

2. 加强人员风险控制意识

在影响档案安全的各种因素中，人是决定性因素，所以首要任务是加强对人的教育和管理。采用传统的安全管理方式容易造成很大的浪费，还难以提高风险管理水平。因此，必须站在构建更高层次的风险管理体系的角度，通过经常性地开展档案安全教育和培训，使全体档案工作者牢固树立"安全第一""安全问题人人有责"的思想，提高每个人的档案安全意识和技能。

3. 健全档案备份机制

在大数据时代背景下，备份工作成了风险控制的主要日常工作，也是一项实实在在的需要工作人员每天落实的工作。根据时代要求，这里提倡两种有效的备份方式——异地备份和异质备份。异地备份是指为应对文件、数据丢失或损坏等可能出现的意外情况，将电子计算机存储设备中的数据复制到磁带等大容量存储设备中；异质备份主要指电子文件的异质备份，就是逐步将电子文件转换成胶卷、纸质等备份载体保存，以确保档案中的信息真实、长久地流传下去，为人类发展和社会文明进步持续地提供借鉴。档案馆要对本级重要档案及电子文件实行异地备份和异质备份，确保电子文件的长期可读，确保档案信息资源的绝对安全。

（二）外部风险控制

针对社会环境带来的风险，我们需要学习、借鉴先进经验，逐步完善相关的方针、政策。而面对自然环境带来的风险，则需要逐步地深入研究，达到防控的更高层次要求，尽可能减少自然环境因素带来的风险。总的来说，研究风险控制需要有一个开阔的眼界，时时刻刻关注国家、社会的动态。只有这样，我们才能知道下一步应该往哪个方向发展。

总之，在大数据时代及信息技术高速发展的形势下，智慧档案馆必将成为新的趋势。从传统档案馆到数字档案馆再到未来的智慧档案馆，这一变革是科技发展的必然结果。建设智慧档案馆是一个长期的过程，是一项十分复杂的工作，并且在建立及使用过程中存在诸多风险。因此，在探索过程中应密切关注各个环节可能出现的风险问题，进而促进智慧档案馆在未来的生活中能够为用户带来更新奇的体验。

第四节　智慧档案馆建设中存在的问题及对策

智慧档案馆的建设实践为后续智慧档案馆建设打下了坚实的基础，引领了档案馆建设的潮流。从部分地方综合档案馆对智慧档案馆建设的探索中可以看出，政府以及档案部门对档案馆的升级转型都是十分关注和支持的。但是通过比较分析可以发现，目前智慧档案馆建设中仍然存在一定的问题。

一、智慧档案馆建设中存在的问题

（一）地域性差别较大

目前，由于各地实际情况不同，各地对智慧档案馆的建设探索仍然是各行其是，尚未形成系统化管理体系。虽然智慧档案馆建设已取得一定的成效，但大范围的推广建设仍未实现。

（二）投入成本过高

进行智慧档案馆建设需要大量的人力、物力以及资金投入，不仅包括馆藏档案通过扫描实现数字化，还需要利用 OCR 文字识别等技术对档案信息进行深入分割处理，以达到能够进行数据挖掘的目的。再者，数据收集、处理、安全防护等各种平台的建立及传感、射频和其他设备的购入，都需要雄厚的资金链作为保障。除此之外，人员配备、工作者培训都需要一定的费用。档案部门档案信息开发受限，这在一定程度上阻碍了智慧档案馆的建设步伐。

（三）缺乏整体规划和明确的政策规范

由于智慧档案馆建设正处于初级阶段，对许多概念、技术等的研究仍不够透彻，而且各地档案馆建设都处于探索阶段且仍不成熟，所以对实现系统功能的要求、控制文件对象的程度、聚合档案资源的范围和智慧档案馆管理运作的规章流程仍不明确。智慧档案馆建设缺乏具有长期性、权威性、指导性的政策体系。

同时地方各自为政，致力于推动智慧档案馆建设，虽然取得了一定的成效，但是也存在着盲目建设的现象。

（四）存在人才引进问题

智慧城市背景下的智慧档案馆与许多先进技术融为了一体，这就要求新时期的档案工作人员需要对高新技术、网络环境等有较深的理解。因而有必要转变传统的档案管理业务模式，更新工作人员观念，追上时代的步伐。同时，智慧档案馆的转型升级需要引进大量熟知计算机、物联网、网络构成、协同管理知识的人才。

（五）群众参与度低

智慧档案馆建设为档案、档案工作更好地服务于人民群众提供了新的出路，但就现实而言，公众的参与度却没有期望中的高。由于群众认知度低、参与度低，智慧档案馆建设尚未达到预期目的，未实现提供个性化服务、高效服务的目标。

除此之外，仍有许多不可忽视的问题。如目前档案学相关领域学者对档案馆的研究，仍集中于智慧档案馆的概念、智慧档案馆与数字档案馆的关系、智慧档案馆的技术与服务等基础领域，对智慧档案馆建设的研究还不够深入。档案部门对智慧档案馆的建设也仍处于探索阶段，缺乏相关的法律规范、资金、技术设备等的支持，智慧档案馆建设大都处在初级规划阶段，实践优势并未显现。

二、智慧档案馆建设对策

智慧档案馆是档案信息化发展的必然产物，但我们也应该认识到，智慧档案馆建设并非一朝一夕便能完成的。这项长远的规划和长期的事业需要档案界人士共同、积极地探索和研究，通过分析智慧档案馆建设过程中的问题并解决问题，获得丰富的经验和理论支持。

（一）深入研究智慧城市背景下智慧档案馆建设理论与政策

虽然国内外已经有很多城市进行了智慧档案馆探索，但是现如今仍没有完善的有关智慧档案馆的标准、规范出现。诚然，在当今社会，信息技术、社会需求不断变化，智慧档案馆的模式不再那么一成不变，但智慧档案馆建设仍然需要一定的标准和规范的指导。通过确定一定的标准准确找到档案馆转型的切入点，通过云计算构建智慧档案馆的数据处理平台，通过大数据对数据进行挖掘、存储和分析，通过物联网感知馆内环境，通过移动互联网提供基于用户自身需要的服务，推动智慧城市的建设与发展。

（二）整体规划智慧档案馆建设

整体规划就是在一定区域内，根据确定的要求所做的总体安排和布局。智慧档案馆建设也要有整体的规划和安排，包括找准智慧档案馆的定位、明确档案馆功能、确定档案馆构架等。智慧档案馆整体规划的制定要从当地实际情况出发，针对本单位的馆藏档案信息、设备情况、人员配备、资金支持、技术状况，考虑构建智慧档案馆的方向以及可能面对的问题；同时适当学习其他地方档案馆建设的经验、方法，灵活应用，做好整体规划。

（三）积极构建合作机制与平台

目前，各地数字档案馆和数字图书馆等都有了一定的发展，为智慧档案馆的发展提供了很好的借鉴。数字图书馆及数字档案馆在海量信息收集、存储、数据挖掘、信息检索、查询方面为智慧档案馆打下了良好的基础，通过学习已有经验、补充存在的漏洞，可实现智慧档案馆的健康发展，也为以后的"图情档一体化"打下坚实的基础。

（四）积极促进人员观念的更新和转换

智慧档案馆建设需要引进大量的物联网、计算机技术人才，也需要对原有的档案工作者进行培训，实现观念的更新与转换。这不仅包括从纸质环境下的管理理念向电子环境下、智能管理环境下的管理理念的转变，也包括从孤立封闭的保守观念向合作开放的共享观念的转变。通过人员观念的转换，改变档案工作者的思维方式、工作方式，推动智慧档案馆的转型升级。同时，注重对群众档案意识的培养，通过进行及时的政策普及、服务升级与宣传，让群众了解智慧档案馆，并享受到智慧档案馆提供的服务，让智慧档案馆服务于民，提供智能化、个性化服务。

信息时代的来临使智慧地球、智慧城市的理念相继出现，进而推动着档案馆优化升级并向智慧档案馆转变。这是继传统档案馆向数字档案馆转变之后出现的又一新趋势。智慧档案馆是档案信息化发展的必然产物，是档案馆的高级形态。虽然如今对智慧档案馆的研究仍处于初级阶段，智慧档案馆建设也处于探索阶段，并不算很完善，但这不能成为我们停滞不前的借口。如今我们应该进一步去探讨智慧档案馆的概念、技术、体系构架等知识，形成完善、成熟的理论，用理论去指导实践，进而取得智慧档案馆建设新成就。

在今后很长一段时间里，智慧档案馆都应是我们关注的重点。因此，档案部门要进一步探讨智慧档案馆相关理论，积极引进人才、培训工作人员，强化建设智慧档案馆、提供智能服务的意识，通过统一部署形成区域内智慧档案馆集群。同时要以人为本，以用户的需求为首要遵循标准，积极对海量信息进行收集、整理、挖掘、管理，提供高质量服务、智能化服务，早日促成本地区智慧档案馆的建成。

第九章　互联网时代高校档案信息化建设

第一节　高校档案信息化建设概论

高校实施档案信息化建设是高校自身发展的需要。高校应从制度、经费保障、专业队伍建设、服务理念转变以及联动机制构建等方面着手，致力于实施高校档案信息化建设。

当前，我国社会已经进入大数据时代，档案信息化建设快速发展，传统的纸质档案管理模式已经难以满足社会发展的新需求。高校档案是国家档案资源体系的重要组成部分，能够为高校教学、科研、人事、财务等各项工作的有序开展提供参考依据。跟随国家档案领域"存量数字化、增量电子化、利用网络化"的发展战略，高校开展档案信息化建设是适应时代发展的重要举措。

一、高校档案信息化建设的可行性

高校档案工作涉及学校教学、科研、人事、财务及学工等各项重要工作。进入大数据时代，信息呈井喷式增长，开展档案信息化、数字档案馆（室）建设已经成为高校应对信息化发展的重要举措。高校开展档案信息化建设既是践行国家方针、政策的重要体现，也是高校自身发展的必然要求。

（一）宏观政策的导向

档案信息化建设是一个系统工程，国家发布了相关的法律法规、规章制度以推动档案信息化建设。现行《档案法》中明确规定，各级各类档案机构要"采用先进技术，实现档案管理的现代化"。《档案法》修订草案中也添加了档案信息化建设的有关章节，从法律层面对档案信息化、档案现代化管理做出了规定。此外，《全国档案事业发展"十三五"规划纲要》中提出"存量数字化、增量电子化、利用网络化"的档案资源建设战略部署，明确将档案管理信息化作为主要的发展目标和重点建设任务。

高校档案是国家档案资源的重要组成部分，而针对高校档案工作的法规性文件主要为《高等学校档案管理办法》。该文件由教育部和国家档案局联合发布,其中要求"高校设置专项经费,完善档案现代化、信息化建设的设施设备,加快数字档案馆（室）建设,保障档案信息化建设与学校数字化校园建设同步进行。"由此可见,档案信息化建设是档案行业发展的重要战略方针,相关的政策文件为高校档案信息化建设提供了明确的导向。高校档案信息化建设是践行国家方针、政策的重要体现。

（二）自身发展的需要

高校是培养人才的摇篮,高校档案工作涉及教学、科研、财务、人事等各个部门,形成了对学校长足发展具有重要价值的各类档案,在辅助决策方面发挥着重要作用。得益于信息技术的发展,我国大部分高校已经完成了智慧校园建设,设有数据中心统一管理学校各类数据,为学校进行智能决策提供了良好的条件。可以说,智慧校园为高校档案信息化建设奠定了良好的基础。当前,高校的各项管理工作已经逐步实现了信息化管理,如学校 OA 办公系统的有效运行,线上处理各项业务且能够实现电子文件的即时归档,极大地提升了归档效率,为学校各项工作提供了良好的档案信息支撑。可以说,当前信息化建设是学校长足发展的重要措施,"双一流"高校、"双高计划"职业院校等战略计划的实施对学校信息化建设提出了更高的要求。为更好地促进学校各项事业的发展,实现档案信息化建设是必然举措。当前,很多高校已经开展了档案信息化建设并取得了一定的成效。如中南大学成立了档案技术研究所,其档案馆官方网站设有服务大厅,能够在线办理档案证明等业务。此外,该校还建成了数字档案馆业务管理平台和数字档案馆操作练习平台,档案数字化建设成效明显。

二、高校档案信息化建设的现状

高校档案信息化建设是一项系统工程,高校普遍关注档案信息化建设的具体实施状况,许多学者也对该课题进行了系统探究。从中国知网的检索数据来看,学者从不同的角度对高校档案信息化建设进行了探究。如高校党建工作档案信息化建设、高校人事档案信息化建设、高校图书档案信息化建设、高校学籍档案信息化建设以及高校科研档案信息化建设等,研究角度多样、研究内容丰富,为高校档案信息化建设提供了一定的理论支撑。而在实践领域,大多数高校已经逐步开展了档案信息化建设,但建设程度与建设进度存在差异。综合现有的理论成果和实践成效可知，高校档案信息化建设现状体现为以下四个方面：

（一）开展进度不一

高校档案信息化建设是一个连续的过程，不能一蹴而就。从当前的建设情况来看，各高校信息化建设进度存在差异。以高校和高等职业技术学院为例，一般情况下，高校的建设进度更快一些，高职院校相对落后；但在一些经济发达的省份，其高职院校档案信息化建设成效明显。因为档案信息化建设需要投入大量资金且投入具有连续性。如纸质档案数字化，很多高校的历史遗留档案总量大，但人员不足。纸质档案的数字化一般采取业务外包的形式，只单项投入就不低。同时，还包括购买档案管理系统、档案智能密集架、档案温湿度控制系统、智能库房建设设备、除尘机等，配备完善的硬件设施也需花费大量的资金。此外，后期的系统维护、数据更新、数据迁移、平台建设等工作也需持续投入资金。由于各高校重视程度不同，建设进度也不同，因此，客观地形成了有的高校仍处于起步阶段，有的高校已经构建了完备的档案信息化管理体系的局面。

（二）建设程度不深

随着档案行业"存量数字化，增量电子化"发展战略的实施，我国档案信息化建设取得了一定的成效，但还存在较大的发展空间。第十八届国际档案大会上的主旨报告显示，我国综合档案馆卷宗档案的数字化率不到20%。随着智慧校园建设的推进，很多高校已经在人事、教务、科研、财务等多个方面实现了信息化管理，然而其档案信息化建设仍处于相对较低的水平，档案信息化管理相对落后。当前，很多高校的档案管理如纸质档案的整理、归档等仍处于传统的手工管理状态，档案利用仍以现场查阅为主，在线利用较少。有的高校虽然购置了档案管理系统，但系统的功能还有待进一步完善。在进行模块设计时未充分考虑网络化技术发展的需求，如不能进行线上电子档案传输，也不能直接导入、导出档案目录和全文数据库等；档案管理系统功能以数据录入、数据查询和数据传输等功能为主，信息化管理系统不够完善，建设程度不深。

（三）重视程度不足

高校档案信息化建设需要完善的制度保障、充足的资金支持、专业的人才支撑以及合理的计划导向，而满足上述条件的最大因素即各层次人员的重视程度。但当前仍有部分高校未意识到档案信息化建设对于高校长足发展的重要意义，重视程度不足体现为多个维度。首要因素即对档案信息化建设资金投入不足。前文已经提到，档案信息化建设前期启动和后期建设需持续投入大量资金，资金不足会对信息化建设进程造成较大阻碍。其次，专业人才缺乏也在很大程度上影响档案信息化建设的进程。近年来，各高校已经意识到专业人才的重要性，注重对图书情报与档案管理人才的引进，在一定程度上改善了人才队伍的结构。但仍有部分高校忽视人才队伍建设，档案管理工作没有专业人员指导参与。最后，缺乏科学有效的信息化建设规划。档案信息化建设涉及多个方面、多项工作，需要有计划、有针对性地展开，而部分高校在建设前期未开展调研，未对信息化建设的步骤和过程进行论证和监控，容易导致工作失控。因此，信息化建设工作的开展需要得到领导的高度重视，投入足够的人力、财力、物力以推动信息化建设工作的有序开展。而当前，这一问题还需着力解决。

（四）辅助决策不够

开展档案信息化建设的最终目的是实现档案信息的高效利用，辅助学校各项工作决策。但从当前的具体运作来看，档案的辅助决策功能发挥得不够充分。譬如，教师在申报各类课题时，首先想到的是到主管科研工作的职能部门查阅相关的文件，而并非从档案部门的相关数据库中获取有用信息；又如，查找学校某一年度的某一文件时可能更倾向于从学校办公室获取，而非通过档案管理系统查询并获得相关信息。总体而言，在辅助决策方面，档案工作的作用和功能未得到充分的体现。在开展信息化建设的进程中，档案机构需要转变服务理念，利用大数据技术对学校档案用户的信息行为和信息需求进行分析，进一步深入挖掘档案信息、创新档案服务方式，为用户提供更具针对性的服务。

第二节　信息化建设对高校档案管理的影响

一、信息化建设拓展了高校档案管理的功能

（一）高校档案管理具备信息传递功能

21 世纪是一个网络盛行的时代，是一个信息技术引领的时代。为了更好地顺应社会潮流，满足时代的发展需求，建设现代意义上的校园成为目前高校发展的主要方向。随着信息技术在高校中的广泛应用，办公自动化和电子政务不断推行，大量的电子信息文档衍生而来。在高校档案管理过程中，大部分文件

被信息技术数字化后录入计算机，并由档案管理人员通过相关软件对其进行分类、整理、价值鉴定和著录标记等。与此同时，每份文件都有相关的特征信息标注，以便于以后更快、更准确地查找和检索。随着大量电子档案的保存，高校档案管理工作室在具有档案文件管理身份的同时，演变成了信息管理中心。其优点在于，可将公示性文件放在校园内部网络平台上，实现档案资源的共享，在提高工作效率的同时，使每一位使用者对档案管理的认知更加清晰，并为其提供高效的服务。这样，在实现高校档案管理应有功能的同时，进一步突显了其枢纽功能。

（二）高校档案管理体现了宣传教育方面的支撑功能

高校档案记录了高校的发展历程以及文化特色，是对高校大量原始数据的一种保存。其涵盖了教学、管理、科研、文化等多方面的内容，是对高校领导层、教师以及学生行为的一种折射；其对研究报告、学术交流心得、项目计划以及规章制度等方面的记载，为高校日常工作的开展提供了必要的信息基础，扩大了人际交流的范围，为交流活动的进一步开展提供了机会。信息技术在高校档案管理工作中的应用，可使其所记载信息更为原始地呈现出来，体现其在宣传教育方面的支撑功能，如档案实物展示，举办专题讲座、知识竞赛等。除此之外，信息技术还可将其在宣传教育方面的支撑功能融入人才培养和科研活动当中，为广大师生提供更为直接、便利的服务。如在课题研究、产品研制、学术论文撰写过程中，开通相关资料信息的网络查询功能，为相关活动的开展提供教学、科研成果等方面的信息，以发挥高校档案管理应有的作用；主动搜寻、发掘、收藏档案中的特色信息，继而有针对性地进行规范、整理，从而体现档案管理的宣传教育功能。

二、信息化建设加快了高校档案管理工作建设进程

（一）加快了高校档案管理的公正、透明化建设进程

在进行校园日常事务管理的基础上，利用信息技术建立档案信息平台，并在此平台上设立信息公告栏，对学校的教学特色、办学条件、招生章程、教师任职资格、就业和出国要求等信息进行展示，从而使教师和学生更为清晰地了解与自身相关的信息。这样做的好处是，在扩展高校档案管理功能的同时，加快了高校档案管理工作的公正、透明化建设进程，增强了高校档案管理的服务性和专业性。从一定意义上讲，也有利于高校档案管理服务水平和能力的提高。

（二）加快了高校档案管理的信息共享建设进程

高校档案管理的最终目标是服务于使用者，为其提供更为快捷、方便、准确的信息服务。随着全球经济一体化的深入发展，大量的社会信息不断涌入，信息管理范围急剧扩大，现代高校档案的使用者对服务功能的要求也越来越高。因此，实现高校档案管理信息共享是社会发展的必然趋势，也是高校档案管理未来的努力方向。信息技术的广泛应用则为高校档案管理的信息共享建设增添了助力。与此同时，它还将我国所有高校的档案信息有效、系统、紧密地联系在一起，使得我国各大高校之间达到了一种前所未有的互通有无的状态。高校业内信息共享服务系统和平台的建立，为我国高校广大师生与科研人员学习、工作活动的开展提供了便利，大大节省了资源、提升了效率。

（三）加快了高校档案管理的工作效能建设进程

加快了高校档案管理的工作效能建设进程，主要体现为简化了档案管理的程序和内容，提高了工作效率。首先，区别于传统的档案管理模式，高校档案信息化管理将档案信息转化为数据存储起来，节省了大量的空间。同时，高校档案信息化管理的存储效能更为长久，减少了工作人员整理、修补方面的时间消耗。其次，信息化技术的应用还简化了档案信息的整理、加工流程，提高了档案管理的工作效率。最后，档案检索关键词的运用还大大缩短了管理人员或使用人员的查询时间，在提供方便、快捷的服务的同时，使得高校档案管理工作提升到更高层次。

三、信息化建设增强了高校档案管理的服务性

（一）为高校档案管理的服务功能奠定了技术基础

高校档案管理的首要内容，是对已有的、有价值的纸质档案进行收集、整理和保存。但是，随着信息技术在各大高校档案管理中的广泛应用，校园内部网站逐步建立起来，传统的纸质存档格局被新型档案载体，如磁盘、光盘等的出现打破。存档方式的转变促使档案收集范围进一步扩大，保存形式灵活化，使得高校档案管理的服务功能进一步完善，为其提供更优质的服务奠定了良好的技术基础。

（二）使得高校档案管理的服务功能更加人性化

信息化建设在高校档案管理工作中的实施，拓展了其管理工作的人性化服

务空间。信息技术对高校档案管理影响深远，因扩展了高校档案的保存形式，使得高校档案信息由单一性向综合性发展。档案信息化管理可以从声音、图像、视频等多个角度对某一主题的信息进行记录，确保了保存信息的全面性，使得使用者能够更加充分地把握档案信息的主题。除此之外，信息技术的应用还可转变高校档案管理的服务形式，依据需求者的心理变化提供个性化的档案服务功能。例如，在校园网站上或档案管理网站上增设用户注册功能，进行必要的审查之后，依据用户的不同需求提供相应的在线咨询服务，增设专业提档服务功能；对于专业性较强的学科，开展有针对性的参考咨询服务，建立一个档案管理者与使用者之间的信息交流平台，从而促进相关教学、教研工作的开展，发挥高校档案管理应有的信息导航作用。

四、信息化建设对高校档案管理工作人员提出了更高的要求

（一）对高校档案管理工作人员的专业技术水准提出了更高要求

高校档案管理工作人员除了掌握必要的档案收集、整理、分析等档案管理方面的专业技术外，现代意义上的高校档案信息化管理还要求相关工作人员具备必要的计算机基本操作能力，并在此基础上能熟练运用计算机对高校档案进行收集、整理等方面的工作。与此同时，在网络环境较为复杂的情况下，档案管理人员还应注重加强自身的档案安全意识，时时做好网络安全防护工作，提高自身在现代网络安全方面的技术水准，以便为高校档案管理提供一个安全的网络环境。

（二）对高校档案管理工作人员的职业素养提出了更高的要求

网络虚拟环境的建立为人们的生活平添了更多的诱惑。对于高校档案管理工作人员而言，坚决抵制不良诱惑，加强自身的职业素养培养，对高校档案管理具有重大的意义。信息化时代的到来对于高校档案管理而言是一把双刃剑，应使其积极影响最大化，尽量避免不安全因素对其产生的负面影响。这就要求学校和管理人员自身切实加强职业素养方面的培训，为高校档案管理工作的顺利开展提供思想保障。

第三节 高校档案信息化建设存在的问题

我国高校档案管理信息化建设从 20 世纪 90 年代开始，起步较晚，但发展势头迅猛。然而高校档案管理信息化建设发展很不均衡，仍有一些理论性、政策性、技术性的问题需要解决。与其他行业信息化建设相比，高校档案信息化建设还存在着以下几个方面的问题：

一、对档案信息化建设的认识有待提高

全面认识档案信息化的过程是教育思想、教育观念转变的过程，是以信息的观点对现实问题进行分析、解决的过程。只有在这样的基础上指导并提高对档案信息化建设的认识，才能更好地实现档案信息化。近年来，随着国家信息化建设的整体推进，校园信息化建设已呈现出良好的发展势头，而高校的档案信息化建设相对要明显滞后。其中一个主要原因是有些高校的竞争意识淡薄，受主、客观条件的限制，传统的管理理念和思维方式严重制约了高校档案管理信息化的建设和发展。所以，必须提高对档案信息化建设的认识，将其纳入校园信息一体化的建设进程中来。

二、档案信息化缺乏统一的标准

目前，虽然也有一些国家档案标准或行业标准出台，但不能满足档案信息化快速、有序发展的需要。要实现高校档案信息资源的全面共享，必须制定多方面的标准，例如高校档案门户网站信息系统设计和高校数字档案管理软件的应用标准、高校纸质档案的数字化标准、各高校间档案数据库交互标准等。

三、档案数字化发展缓慢，投入不够

馆藏纸质档案的数字化是档案信息化的基础工作。应该说，要实现馆藏档案案卷级和文件级目录数据库的建设不难，对现行管理中直接生成的电子文件全文数据库的接收和管理也指日可待，然而对馆藏纸质档案进行数字化、建立档案全文数据库则存在着巨大的困难。由于馆藏纸质档案数量巨大，对其进行数字化的工作量也相当大，任务繁重，要完成它并非易事，因此必须投入极大的人力和财力，需要高校各方面的大力支持。

四、档案管理信息化缺少必要的软硬件条件

档案管理信息化建设的前提与基础，是必须拥有信息化建设所需的硬件设备和专业软件。就目前而言，许多高校档案管理部门还缺乏硬件设备，没有专门的服务器或用普通计算机代替。如果高校档案机构没有产生和接收电子文件的设备和网络，那么高校档案的信息化建设便无从谈起。所以，具备硬件设施是高校档案信息化建设的基础。

软件条件主要体现在档案业务管理和档案数据采集方面。目前，有些高校还沿用纯手工的方式管理档案。虽然也有一些高校运用了单机版或网络版的档案管理系统，然而大都没有和学校的其他管理系统（如 OA 系统、学籍管理系统、成绩管理系统、资产管理系统）有机结合起来，系统处理功能极弱，适应性、扩展性很差，根本无法满足现阶段高校电子校务环境下的档案管理工作的需要。

五、高校档案管理缺少档案和信息技术专业人才

高校档案管理信息化人才严重缺乏。从专业结构来看，档案专业和信息技术专业的人员极少，既熟悉档案业务又精通现代化信息技术的人员少之又少。绝大多数档案管理人员为非档案专业毕业，缺乏系统的档案和信息技术专业理论知识。档案信息化人才培养工作还难以被纳入各个学校的工作重心中。

第四节　高校档案信息化建设应用技术的创新

一、电子文件在档案信息化建设中的应用

由于国家信息化的整体推进，信息技术已在各行各业得到普遍应用，各组织机构、企事业单位的文件档案工作环境正由纸质环境向电子环境转变，许多领域正逐步实现业务活动电子化、无纸化。电子文件的应用范围不断扩展，种类日益丰富，其信息包括文字处理、数据库、图形图像、音视频等多种文件类型，也有电子邮件、网页、博客、即时通信等多种形式，其应用已经渗透到政治、经济、文化、科研、生产和社会生活之中。中国科协年度重点课题"我国电子文件管理机制研究"针对 49 家中央机关及直属企事业单位的调查表明：中央机关及直属企事业单位电子文件数量已占全部文件数量的 72.7%；49% 的受访

单位生成的电子文件数量占文件总数量的 50% 以上；14.3% 的受访单位生成的文件 100% 为电子文件；48% 的受访单位认为未来 5 年将会有 50% 以上的文件以电子文件的形式存在。

二、云计算技术在档案信息化建设中的应用

云计算是当前信息技术领域的热门话题之一，正受到社会各界的高度关注，并将使档案信息化面临一系列新的机遇和挑战。

（一）云计算的概念及分类

云计算是一种基于互联网的计算方式，这种方式利用分布式计算和虚拟资源管理等技术，通过网络统一组织和灵活调用，将分散的信息资源集中起来形成共享资源池，并以动态按需求和可度量的方式向使用各种形式终端的用户提供服务。在云计算环境中，应用软件直接安装到了"云"端的服务器中而不是用户终端上，用户仅需要通过 Web 浏览器登录"云"端的管理平台就可以使用软件并得到所需服务。"云"是对计算服务模式和技术实现的形象比喻。"云"由大量基础单元——云元组成，各个云元之间由网络连接，汇聚成庞大的资源池。

按照云计算服务提供的资源所在的不同层次，可以分为 IaaS（基础设施即服务）、PaaS（平台即服务）和 SaaS（软件即服务）三种服务方式；根据服务对象的不同，可以分为面向机构内部提供服务的私有云、面向公众使用的公有云以及二者相结合的混合云等。

（二）云计算应用于档案信息化建设的优势

1. 实现档案信息资源共享

通过应用云计算，档案部门可避免因档案管理系统软件的多头开发所造成的"信息资源孤岛"现象，可在不同地域档案部门之间构筑档案信息资源"共享池"，实现电子档案资源的高度集中统一管理和广泛共享。

2. 节省投资成本及运维费用

众多档案部门不再需要构建自成体系的软硬件平台，而以极低的成本投入获得极高的运算能力，大幅度降低运维费用并提高运维效率。

3. 提高信息系统的安全性

以往档案馆中的数据都集中在本馆的服务器上，一旦服务器出现故障，档

案馆就无法为用户提供正常的服务，甚至导致数据的丢失。而采用云计算就会有大量服务器，即使某台服务器出现故障，其他服务器也可以在极短的时间内对故障服务器中的数据进行拷贝，并启动新服务器，继续提供无间断服务。

4. 解决人才短缺问题

云计算的档案信息系统维护工作由云端技术人员负责，与目前各档案部门配备专门的信息技术人员的做法相比，前者既专业又节约人力成本。

（三）云计算对档案信息化建设的保障

目前，档案信息化面临资源整合难、数据集中难、系统运维难、资金投入难、人才引进难等诸多难题，云计算技术的出现将为档案部门走出困境提供新的思路。

1. 档案信息化基础设施保障

由于经济水平的差异，不同地区对档案信息化建设的投入也存在较大差别。经费紧张的地区难以满足基础设施建设的需求，而经济发达地区的基础设施资源存在闲置的现象。为此，档案部门可以采用云计算的"基础设施即服务"方式，整合档案行业的服务器、存储器等设备，通过"云"平台向各级档案部门提供基础设施服务，不仅可以避免设施建设重复投入的浪费，也可以减少技术力量较弱的档案部门的系统运维开支。

当前，国家档案局正在开展"中国档案云"项目，联合包括中央档案馆、中国第一历史档案馆、中国第二历史档案馆在内的全国50家副省级以上地方、单位的档案馆，尝试构建包含国家级档案云、省级区域档案云和市（县）级区域档案云的档案行业IT基础设施体系，助推全国档案信息化事业的发展。

2. 档案信息化业务平台保障

档案管理应用系统的研发和运维需要档案部门投入大量资金和人力，这样尚且难以确保应用系统的质量。如果采用"平台即服务"模式，各级档案部门可以集中利用资金和优秀的人才，研制和推广通用的档案管理软件，既可避免软件重复研制的资金投入，又可通过通用软件的推广消除过去因重复建设造成的数据异构、平台异构、流程异构，以及档案信息资源难以互联共享的弊端。

3. 档案信息化高效利用保障

如何通过档案的社会化服务提高档案社会利用价值、增强全社会的档案意识，是新时期加强和改革档案工作的重要课题。

依托部署在"云端"的档案资源管理体系，公众可便捷地获得数字档案资源，并开展不同专题的档案编研活动；也可以将家庭档案和个人收藏制作成精美的网络展览放入"云端"供共享；还可以利用"云端"提供的"一站式"检索功能获得跨专业、跨地区的档案信息。

在国家档案局开展的"中国档案云"项目中，已建设了以云计算技术为依托，覆盖全国各级综合档案馆，为社会提供统一查询、利用档案信息服务的专业化平台，该门户网站被命名为"中国记忆"。

（四）云计算应用于档案信息化发展的障碍

云计算技术将会大幅加快档案信息化建设的步伐，但目前云计算技术研究还处于初级阶段，存在诸多问题需要解决。其中，安全问题与标准问题是阻碍云计算与档案信息化相结合的主要因素。

1. 安全风险时有发生

档案是国家的宝贵财富和重要信息资源，具有一定的保密性，安全性要求相当突出。自云计算服务出现以来，由于软件漏洞或缺陷、配置错误、基础设施故障、黑客攻击等原因造成信息服务中断的事件时有发生。在互联网数据中心进行的全球调查中，对云计算的安全、性能、可靠性等抱有怀疑态度的用户占 70% 以上。

从技术上来看，云计算系统的安全漏洞是不可避免的；且由于网络服务化、数据集中化、平台共享化和参与角色多样化等因素，云计算所面临的安全风险相比传统信息化系统更加复杂。但同时应看到，在绝大多数情况下，相对于个人和中小企业用户而言，云服务提供商可以提供更加专业和完善的访问控制、攻击防范、数据备份和安全审计等安全功能，并通过统一的安全保障措施和策略对云端 IT 系统进行安全升级和加固，从而提高这部分用户系统和数据的安全水平。

2. 相关制度尚未建立

在云计算技术火热的概念背后，仍有诸多模糊的定义。每一个云提供商都站在自己的利益角度去解读这项技术，以追求更大的经济效益。"无规矩不成方圆"，云计算服务所必需的标准规范、合同范本、采购管控、评估认证、后期管理等相关制度和管理机制的缺乏，使云计算在档案领域的应用面临诸多困难。

然而，云计算毕竟是信息化发展的新趋势，档案信息化必须以积极的心态迎接档案云时代的到来。

三、大数据技术在档案信息化建设中的应用

（一）大数据概念探析

大数据从出现至今，一直都是社会关注的焦点，但至今仍无公认的定义。对于大数据，可以从资源、技术、应用三个层次加以理解：大数据是具有体重大、结构多样、时效性强等特征的数据；处理大数据需采用新型计算架构和智能算法等新技术；大数据强调以新的理念应用于辅助决策、发现新知识，更强调在线闭环的业务流程优化。大数据不仅"大"，而且"新"，是新资源、新工具和新应用的综合体。

（二）大数据关键技术环节

从数据在信息系统中的生命周期来看，大数据从数据源到分析挖掘再到最终获得价值，一般需要经过数据准备、数据存储与管理、计算处理、数据分析和知识展现等几个环节。对于数据准备环节和知识展现环节来说，大数据所带来的变化只体现在量上，而大数据对数据分析、计算和存储三个环节则有较大影响，需要重构技术架构和算法，而这也将成为当前和未来一段时间内大数据技术创新的焦点。

1. 数据准备环节

大数据数量庞大、格式多样，质量也良莠不齐，因此，在数据准备环节必须对其进行格式的规范化处理，为后续的存储与管理奠定基础。此外，要在尽可能保留原有语义的情况下去粗取精，消除数据噪声。

2. 数据存储与管理环节

当前全球数据量以 50% 的速度不断增长，数据的海量化和快增长特征是大数据对存储技术提出的首要挑战。谷歌文件系统（GFS）和 Hadoop 分布式文件系统（HDFS）采用分布式架构弥补了传统存储系统的不足，同时能够达到较高的并发访问状态。

大数据对存储技术提出的另一个挑战，是多种数据格式的适应能力。格式多样化是大数据的主要特征之一，因此大数据存储管理系统必须满足对各种非结构化数据进行高效管理的需求，非关系型数据库应运而生。未来，大数据的存储管理技术将进一步把关系型数据库的操作便捷性特点和非关系型数据库的灵活性特点结合起来，研发新的融合型存储管理技术。

3. 计算处理环节

大数据计算是数据密集型计算，对计算单元和存储单元间的数据吞吐率要求极高，对性价比和扩展性的要求也非常高。分布式并行计算技术弥补了传统并行计算系统在速度、可扩展性和成本上的不足，能满足大数据计算分析的新需求。

4. 数据分析环节

数据分析环节是大数据价值控制的关键。目前大数据分析主要有两条技术路线，其一是凭借先验知识人工建立数学模型来分析数据；其二是通过建立人工智能系统，使用大量样本数据进行训练，让机器代替人工，获得从数据中提取知识的能力。人工智能和机器学习能够更好地适应当前的大数据环境，具有良好的发展前景。

5. 知识展现环节

在大数据服务于辅助决策的场景下，以直观的方式将分析结果呈现给用户是大数据分析的重要环节。而如何让分析结果易于理解是主要挑战。但是在嵌入多业务的闭环大数据应用中，一般是由机器根据算法直接应用分析结果而无须人工干预，在这种场景下，知识展现环节不是必需的。

（三）大数据对档案信息化建设的保障

1. 档案数据高效存储保障

目前，馆藏数字档案量已经从太字节（TB）级别跃升至拍字节（PB）级别。仅以"十三五"末我国馆藏档案的统计总量来看，已经有近4亿卷，每卷平均约3厘米厚。与此同时，科技进步衍生出的数据呈现出分布式和异构性特点，需要归档的数字资源繁多，包含结构化、非结构化和半结构化数据。非结构化数据如文本、图片、各类表格、图像和音视频等，半结构化数据如电子邮件文档等，都不便于使用关系数据库二维逻辑表来表现。

传统关系型数据库已经无法满足对数量庞大、类型多样的档案资源的组织与管理需求，需要引入大数据管理系统对档案进行分布式存储、快速检索。大数据存储方法有很多种且具有一些共同的特点，即利用硬件的优势，使用可扩展的、并行的处理技术，采用非关系模型存储处理非结构化和半结构化的数据，并对大数据运用高级分析和可视化技术。

2. 档案数据价值挖掘保障

在档案数字资源中，不同的档案数据具有的价值存在差异，有可能导致用户获取价值信息的难度增大。如何从这些资源中提炼、挖掘出有价值的档案信息，并以人们易于接受的方式传递给用户，是目前档案工作者必须解决的问题。大数据时代带来的新技术，为档案工作者提供了解决问题的方法。档案工作者可以采用大数据技术，在海量档案数据中发现关联性，从不同角度对其进行分类，以多维度、多层次的方式展现档案数据，将非结构化数据转换为结构化、半结构化数据，从而使用户更准确、更容易获得档案信息。必要时，还可以通过可视化技术形成图形图像，直观地展示最终结果。从海量数据中分析潜在的知识决定着大数据时代档案工作的发展水平及方向，这也意味着在大数据时代，档案工作的重心将向档案资源的数据分析、数据挖掘方向转移。

3. 档案数据高效利用保障

大数据时代下的档案工作服务讲求时效性和便捷性，基于大数据技术可为实现网络信息服务的智能化、个性化、精品化提供支持工具。依托互联网技术，可全方位地提供档案信息智能检索服务、档案信息决策服务及档案信息跟踪与推送服务。利用这些技术手段可彻底消除传统档案管理中存在的诸多弊端，将档案事业推向又一个全新的发展高度。

（四）大数据技术应用于档案信息化建设需注意的问题

1. 大数据技术实现问题

不同于传统的档案管理技术，档案大数据管理系统通常是一个由很多节点组成的分布式系统，运用起来较为困难。档案管理工作者需要打破专业限制，寻求与专业的具有相应资质的大数据开发公司合作，将行业需求和大数据技术结合起来，开发出符合档案行业特点的大数据平台。另外，我国纸质档案数字化形成的绝大多数是文字图像，不便于大数据技术进行处理，应当将文字图像通过 OCR 识别技术生成文本文件，并尽可能提高识别的准确率，为档案实现大数据处理创造条件。

2. 信息安全问题

档案是不可再生的社会核心信息资源，有时人为的操作失误、系统技术故障、计算机病毒、黑客攻击、间谍窃取等原因会使档案数据遭到破坏，给机构甚至国家带来巨大损失。因此，在应用大数据技术时，要重点加强信息安全保障体系建设，采取各种安全技术措施，保证档案数据的完整与安全。

3. 保密问题

在大数据时代下，档案信息主要通过网络进行传输，容易被复制和扩散，导致档案信息资源在开发和利用过程中可能出现信息泄漏、隐私权被侵犯、知识产权纠纷等隐患。对于国防、军事、科技等领域来说，其档案涉密层次高，一旦泄密，将直接危及国家安全。如何实现涉密档案信息资源的合理利用，既充分发挥涉密档案的价值，又保证涉密档案的安全，是大数据时代档案管理面临的重大挑战。

大数据技术相比其他信息技术更加契合档案信息化建设工作的需要，尤其是在当前的知识经济时代，将档案信息转化为知识资源会成为新时期档案工作的必然发展方向。

第五节　新时代背景下的高校档案信息化建设

近年来，信息技术、互联网技术快速发展，为互联网思维模式下档案工作的开展提供了机遇。高校档案资源不仅得到了极大丰富，而且其档案管理方式也逐渐信息化。这种基于新时代发展背景的高校档案管理能够促进档案管理中人与信息之间的融合，进而促使档案信息内容管理更加便捷化。这正是进行新时代发展背景下高校档案信息化建设的意义所在。

一、新时代背景下高校档案信息化建设存在的问题

（一）数据库容量需要持续更新

目前，新时代发展背景下高校档案数据量庞大，即使档案数据在电子技术下进行管理也会存在一些问题，如数据内容对应方面出现问题、数据填写错误等。所以高校档案数据管理质量有待提高。另外，随着社会经济的迅速发展，电子技术更新换代越来越快，加之高校档案数据量快速增加，且由于一些档案信息处理数据库容量有限，并不能将高校档案进行有效储存，还有一部分数据库的存储备份系统容易出现故障。这些都导致高校档案无法进行有效保存，所以数据库容量只有持续更新才能保证数据的安全存储。

（二）档案数据价值提取有待创新

关于高校档案工作人员如何确保数据的价值性，并为档案所属学生带来更高的有效价值，成为当前高校档案服务工作需要解决的问题。目前，大多数高校档案的保存不仅仅依靠文档和数据，还依据数据信息背后的内容。因此，高校档案服务价值需要不断提高，档案管理数据的价值提取也需要不断创新。

二、新时代背景下高校档案信息化建设策略

（一）构建资源服务体系

目前，在新时代发展背景下，高校要优化档案管理制度，就必须建立档案资源服务体系，将高校档案管理功能进行重新分配。例如，在构建高校服务管理体系过程中，应围绕高校在新时代发展背景下所产生的需求进行模式构建，并且依据网络数字化的需求对档案管理模式进行改进。同时应用网络信息技术来构建资源服务体系，如对外开放性较强的数据信息资源库、移动数据网络客户端等。基于新时代发展背景，高校在构建档案管理模式时可建立资源导航系统，帮助学生以及教师快速找到档案信息内容。例如，高校档案信息管理部门根据档案信息的来源进行分类整理，之后再按照一定的规律或者特点进行相关分类，并且对资源信息进行筛选。另外，在当前新时代发展背景下，高校档案管理部门要注重对档案信息的完整保存和有效应用，加强对档案信息资源的整合，从而为学校学生或者教师提供优质的导航服务。

（二）建设档案数据库

对于高校档案管理部门而言，其主要是以档案资源为核心来构建档案管理模式，协同其他相关信息服务部门以及政府管理部门，共同为档案数据的保存提供有效保障。例如，高校档案管理部门运用互联网技术对高校不同层面的资源数据进行保存，并且在计算机网络中以分类保存的形式对高校档案信息进行分类保存，便于使用人员在查找档案信息时通过类别筛选进行有效筛查。

（三）储存档案资源信息

在新时代发展背景下，高校应该利用信息网络技术对档案资源信息进行储存，并且在高校的每个领域根据大量的档案进行资源管理服务，注重对分散在每个层面的档案资源信息进行有效采集、加工以及储存；并且从海量的档案数据资源中提取价值相对较高的档案信息进行存储，优化档案储存功能。

新时代发展背景下的高校档案管理部门，应该重视和解决好新时代发展背景下高校档案管理中面临的挑战和问题，做好高校档案管理的各项工作。要加大对数据库容量的更新和维护力度，保证档案数据的存储安全；要建立和完善档案资源服务体系，利用好档案的有效价值，更好地服务高校的发展和建设。

参考文献

[1] 吴良勤，雷鸣. 信息工作与档案管理 [M]. 武汉：华中科技大学出版社，2011.

[2] 李鹤飞，李宏坤，袁素娟，等. 高校图书情报与档案信息管理 [M]. 北京：经济日报出版社，2017.

[3] 贾玮娜. 档案管理系统的设计与实现 [M]. 长春：吉林文史出版社，2017.

[4] 丰斓，李文国，徐香坤. 管理信息系统教程 [M]. 北京：北京理工大学出版社，2017.

[5] 周苏，王硕苹. 大数据时代管理信息系统 [M]. 北京：中国铁道出版社，2017.

[6] 许秀. 高校档案管理与信息化建设研究 [M]. 哈尔滨：哈尔滨工业大学出版社，2020.

[7] 杨阳. 高校档案管理信息化建设 [M]. 长春：吉林文史出版社，2019.

[8] 刘亚静. 档案管理信息化与自动化探索 [M]. 天津：天津科学技术出版社，2018.

[9] 范杰，魏相君，敖青泉. 信息化视角下高校教学档案的建设与管理 [M]. 长春：东北师范大学出版社. 2019.

[10] 王辉，关曼苓，杨哲. 大数据环境下档案信息化管理 [M]. 延吉：延边大学出版社，2018.

[11] 朱春巧. 信息化时代下高校档案管理创新研究 [M]. 长春：东北师范大学出版社，2018.